# No caminho com Jesus

## Catecumenato Crismal

**Dados Internacionais de Catalogação na Publicação (CIP)**

**(Câmara Brasileira do Livro, SP, Brasil)**

No caminho com Jesus : catecumenato crismal : volume 1 : catequizando / organização Ir. Angela Soldera, Pe. Rodrigo Favero Celeste. – Petrópolis, RJ : Vozes, 2023. – (Coleção no Caminho com Jesus)

1ª reimpressão, 2024.

ISBN 978-65-5713-979-0

1. Catecumenato  2. Catequese – Igreja Católica  3. Cristianismo  4. Ritos de iniciação  I. Soldera,  Ir. Angela.  II. Celeste, Pe. Rodrigo Favero.  III. Série.

23-151111                                                    CDD-268.82

Índices para catálogo sistemático:
1. Catecumenato : Iniciação cristã : Igreja Católica
268.82

Tábata Alves da Silva – Bibliotecária – CRB-8/9253

**Arquidiocese de Londrina**

Ir. Angela Soldera
Pe. Rodrigo Favero Celeste
(Organizadores)

# No caminho com Jesus

## Catecumenato Crismal

### Volume 1 - Catequizando

**Equipe de elaboradores**

Aparecida Peixoto da Silva
Belmira Apparecida da Silva de Souza
Valéria Queiróz Pereira
Ir. Luciana de Almeida
Maria Nilza R. Mattos
Vitor Henrique dos Santos
Rosangela Gava Tamaoki
Sandra Valeria Falcão Santos
Eloísa Elena Bárbara Oliveira
Mayara Pereira Casimiro Calzolaio
Regina Aparecida vieira
Ir. Angela Soldera
Ivanildo Aparecido dos Santos

EDITORA VOZES

Petrópolis

© 2023, Editora Vozes Ltda.
Rua Frei Luís, 100
25689-900  Petrópolis, RJ
www.vozes.com.br
Brasil

*Diagramação*: Victor Mauricio Bello
*Revisão gráfica*: Jhary Artiolli
*Capa*: Editora Vozes

ISBN 978-65-5713-979-0

Este livro foi composto e impresso pela Editora Vozes Ltda.

# APRESENTAÇÃO

Querido catequizando(a),

Você escolheu ser amigo de Jesus, conhecendo e se encantando pela sua vida e história. Durante esta caminhada, te convidamos a ser um verdadeiro discípulo, ouvindo a Palavra de Deus para fortalecer a sua fé, criando lindos laços de afetividade com seus amigos, e também aprendendo a cuidar daqueles que mais necessitam.

Neste livro, anote as suas memórias e tudo aquilo que você aprender e vivenciar durante cada encontro de catequese. Faça isso com muito carinho!

Desejamos que a sua vivência dentro desta Santa Igreja seja de muitos aprendizados e boas lembranças. Que você tenha cada vez mais a paz de Jesus e o amor de Deus em sua vida, e que você possa receber a graça do Espírito Santo no Sacramento da Confirmação (Crisma).

Parabéns por este compromisso que você está assumindo!
Boa catequese!

# DADOS PESSOAIS

Nome:

Endereço

Rua:                                                        Nº:

Bairro:

Telefone:

E-mail:

Nome dos pais ou responsáveis:

Comunidade/Paróquia:

Nome do(s) catequista(s):

# SUMÁRIO

## RETORNO – INÍCIO DA QUARESMA

## ANEXOS

# 1° TEMPO

## PRÉ-CATECUMENATO

# QUEM SOU EU?
# DEUS ME CHAMA PELO NOME!

Talvez diante da pergunta *Quem sou eu*? a sua primeira resposta seja mencionar o seu nome. Mas dizer *quem somos* vai além disso, é falar da identidade, ou seja, daquilo que nos caracteriza e nos faz únicos. Por isso é importante entender que o nome é o que identifica alguém ou algo, é um dos aspectos que compõem a identidade de uma pessoa, mas não o único. Isso porque a identidade é composta por um conjunto de elementos que caracterizam uma pessoa: filiação, sexo, data de nascimento, impressão digital e, nome, dentre outros.

O fato de ter nosso nome pronunciado por alguém, nos transmite segurança, valoriza-nos como indivíduos, porque nos garante ser reconhecidos, ou seja, identificados. Mas, diferente dos padrões humanos, Deus nos chama pelo nome não só porque nos identifica, mas porque nos conhece. Isso significa que sabe mais do que o nosso nome. Ele conhece nossas dores, nossos sonhos, todos os detalhes da nossa vida, inclusive nossas falhas e pecados. Ele conhece cada um de nós e, em todo tempo, o Senhor procura manter um relacionamento de amor conosco. Para Ele, cada um é único e especial. Portanto não existe outro igual. Você é único! Foi Deus quem fez você.

> **SE LIGA**
>
> O ENCONTRO DE HOJE INICIA COM A PERGUNTA: *quem sou eu?* Essa pergunta é um convite para que procure dar a sua resposta descrever como você se define.

## 1. OLHANDO PARA A VIDA

Este é o nosso primeiro encontro de muitos outros que irão acontecer. Por isso, siga as orientações do catequista, apresente-se e conheça seus colegas.

## 2. ORAÇÃO INICIAL

✓ Inicie este momento fazendo o sinal da cruz.

✓ Acompanhe a oração que o catequista vai conduzir.

✓ Reze junto com o seu grupo: *Glória ao Pai e ao Filho e ao Espírito Santo...*

## 3. ESCUTANDO A PALAVRA

✓ Proclamação do texto bíblico de Isaías 43,1-3.

✓ Após ouvir a leitura, releia o texto com seu grupo de catequese.

 **PENSE E ANOTE:**

(a) Quais as palavras que se repetem no texto?

(b) Em que momentos é possível identificar no texto que o Senhor está conosco?

(c) O que o texto diz a respeito do nome?

(d) Escutamos que o Senhor nos conhece pelo nome e também que nos ama. Leia as frases e comente que sentimento você tem com relação a elas.

"Eu te chamo pelo nome, és meu!"

(Is 43,1b).

"Eu te amei com amor eterno, por isso conservei por ti amor"

(Jr 31,3).

## 4. MEDITANDO A PALAVRA

✓ O que a Palavra que ouviu ensina e pede para a sua vida e das outras pessoas?
✓ Acredita que Deus nos ama, nos formou com carinho e nos quer bem e que cuida de cada um de nós?
✓ Como se sente ao saber que Deus cuida de você?

● Faça suas anotações.

## 5. REZANDO COM A PALAVRA

✓ Diante do grande amor de Deus, que conhece e, ama a cada um e chama pelo nome, reze com seu grupo o Salmo 139 da Bíblia.

✓ No silêncio do seu coração, diante da Palavra de Deus que refletimos hoje e do salmo que rezamos, escreva sua oração pessoal de agradecimento ou de perdão.

_____
_____
_____
_____
_____
_____
_____
_____
_____
_____
_____
_____
_____
_____
_____

> Com seu grupo, de mãos dadas, reze a oração do Pai-nosso.

## 6. VIVENDO A PALAVRA

✓ Qual o compromisso que podemos assumir, como grupo da catequese, diante da Palavra e do que aprendemos neste encontro?

_____
_____
_____
_____
_____

✓ Procure conversar em casa, com a família, sobre a importância de sermos únicos, amados e cuidados por Deus.

## LEMBRETE

✓ Selecione alguma foto com seus amigos para apresentar no próximo encontro.
✓ Anote o dia e horário da celebração de apresentação do grupo à comunidade.

## ANOTAÇÕES PESSOAIS

# SOMOS UM GRUPO DE AMIGOS

**SE LIGA**

DEUS NÃO NOS CRIOU PARA VIVERMOS SOZINHOS.

É bom termos uma família, amigos, podermos ir à escola, à Igreja, à catequese. Participar desses grupos nos ajuda a reconhecer que não estamos sozinhos. Assim como nós pertencemos a vários grupos, Jesus também quis formar o seu grupo de amigos. Na Bíblia, encontra-se um texto sobre como Jesus fez o convite para formar o seu grupo. Ele se aproximava e dizia àqueles que queria ser amigo: "Vinde comigo, e eu farei de vós pescadores de gente" (Mc 1,17).

Jesus formou o seu grupo de amigos, os Apóstolos, para ajudá-lo na missão de mostrar às pessoas que Deus existe e deseja que todos vivam bem, em harmonia, como irmãos: um ajudando o outro.

## 1. OLHANDO PARA A VIDA

Apresente as fotos que selecionou dos amigos, colocando-as no espaço preparado pelo catequista.

Converse com os colegas:

- ✓ Quem já mudou de cidade ou de escola?
- ✓ Qual é a sensação de chegar num lugar e não conhecer ninguém?

Orientado pelo catequista, siga os passos:

- ✓ Em uma folha de papel, desenhe o contorno de sua mão, recorte-a e coloque no caule da árvore, preparado pelo catequista, formando seus galhos.
- ✓ Observando a árvore, conversem sobre as diferenças (tamanhos, cores, formatos...) e como as diferenças podem nos ajudar a sermos um grupo de amigos.

> **PENSE:**
>
> Juntos, formamos um grupo bonito e podemos crescer como amigos e irmãos uns dos outros.

## 2. ORAÇÃO INICIAL

- ✓ Com seu grupo, de mãos dadas, reze a oração do Pai-nosso.

## 3. ESCUTANDO A PALAVRA

- ✓ Proclamação do Evangelho segundo São Marcos 1,16-20.

**PENSE E ANOTE:**

- (a) O que diz o texto bíblico, do que está falando?
- (b) O que Jesus estava fazendo? Quantas pessoas Jesus chamou?
- (c) Qual o nome delas? O que eles faziam?

------------------------------------------------

------------------------------------------------

------------------------------------------------

------------------------------------------------

------------------------------------------------

------------------------------------------------

------------------------------------------------

O chamado que Jesus fez aos primeiros discípulos, aqueles que receberiam os ensinamentos do Mestre e seriam preparados para virem a ser seus apóstolos, isto é, os que iriam difundir a Palavra de Deus, Ele faz a cada um de nós também hoje.

- O que significa chamar alguém? Como você se sente quando é chamado pelo nome?

## 4. MEDITANDO A PALAVRA

✓ Ouça a reflexão sobre a Palavra proclamada, conduzida pelo catequista, pense sobre as questões apresentadas e escreva suas respostas.

✓ Qual o ensinamento que a Palavra de Jesus nos dá?

✓ Jesus continua chamando hoje? Quem ele chama?

✓ Ele nos quer seus discípulos. Estamos dispostos a segui-lo?

✓ Quem as pessoas mais seguem hoje?

✓ Respondemos ao chamado de Jesus?

- Faça suas anotações.

## 5. REZANDO COM A PALAVRA

✓ Que oração deseja dirigir a Deus, a partir da Palavra refletida no encontro de hoje?

✓ Escreva e reze a sua oração.

_____

✓ Com seu grupo, reze o Salmo 133,1 na Bíblia:

> "Como é bom e agradável os irmãos viverem unidos".

✓ Seguindo a orientação do catequista, formem um círculo, se abracem, e digam juntos:

> Queremos ser um grupo de amigos e caminhar juntos.

## 6. VIVENDO A PALAVRA

✓ Que atitude você e seu grupo querem assumir para mostrar que são amigos de Jesus e querem caminhar com Ele?

_____

**LEMBRETE**

✓ Participe do concurso para escolher um nome para o grupo de catequese. Para isso, em casa, pense em um nome, escreva em uma tira de papel e apresente sua sugestão no próximo encontro.

# CONHECENDO UM GRANDE AMIGO

**SE LIGA**

QUANDO NÓS GOSTAMOS DE UMA PESSOA, expressamos carinho por ela, a tratamos bem e queremos estar sempre próximos a ela, não é mesmo?

Quando gostamos muito de um amigo ou amiga, se pudéssemos, o levaríamos para morar conosco. E, com certeza, desejamos tudo o que for melhor para a vida desse amigo ou amiga.

Em nossa vida, Jesus é um amigo assim. Ele quer todos próximos a Ele, demonstra atenção e escuta. Nele reconhecemos um amigo fiel, que acolhe as pessoas que não eram valorizadas nem respeitadas na sociedade do seu tempo. Jesus, sabendo e percebendo isso, demonstra o que é ser amigo fiel, agindo com carinho e lhes dando a atenção merecida.

## 1. OLHANDO PARA A VIDA

Converse com seu grupo sobre:
- ✓ Como viveu o compromisso do encontro anterior?
- ✓ Quantos e quais são os amigos que você tem? É importante ter amigos?

## 2. ORAÇÃO INICIAL

- ✓ Faça o sinal da cruz e, em silêncio, peça a Jesus para crescer na amizade com Ele e com seus colegas de catequese.

## 3. ESCUTANDO A PALAVRA

✓ Leitura do livro do Eclesiástico 6,14-17.
✓ Leia o texto uma segunda vez, lentamente e atento a cada palavra.

**PENSE E ANOTE:**

a) O que diz o texto bíblico?

b) Como deve ser um amigo verdadeiro?

c) Qual a frase que mais chamou a sua atenção, que tocou seu coração?

d) O que tem de belo, de bonito nas suas amizades? E o que precisa melhorar?

## 4. MEDITANDO A PALAVRA

✓ O que a Palavra que ouvimos nos ensina?
✓ Como valorizamos as pessoas?
✓ Quem são nossos amigos, como convivemos com eles? Somos fiéis ou temos amizades interesseiras?
✓ Na nossa vida, sabemos acolher os outros, os mais necessitados e indefesos?

● Faça suas anotações.

## 5. REZANDO COM A PALAVRA

- ✓ O que esta Palavra te faz dizer a Deus?
- ✓ Faça em silêncio sua oração. Feche os olhos, imagine Jesus ao seu lado e converse com Ele como amigo. Escreva sua conversa.

- ✓ Em pé, repita a frase que o catequista irá apresentar.
- ✓ Reze com o seu grupo a oração do Pai-nosso, por todas as crianças que ainda não conhecem Jesus.
- ✓ Toque na água, preparada pelo catequista, e trace o sinal da cruz na testa do colega que está ao seu lado.
- ✓ Abrace todos, num gesto de carinho, acolhida e amizade.

## 6. VIVENDO A PALAVRA

- ✓ O que a Palavra de Deus te leva a fazer e viver nesta semana para ter as mesmas atitudes de Jesus?
- ✓ Que gesto ou atitude devemos assumir para nossa vida?

✓ Que tal fazer um quadro colando a imagem de um grupo de amigos e a de Jesus próximo a eles? Depois escreva uma frase que explique o que significa a presença de Jesus na cena.

**LEMBRETE**

✓ Escolha o nome do grupo com seu catequista e seus colegas.

**ANOTAÇÕES PESSOAIS**

# QUEM É JESUS?

A Bíblia, especialmente os Evangelhos, nos apresenta diferentes expressões e imagens sobre Jesus. Em muitas delas, o próprio Jesus se autodenomina como: o Bom Pastor, a Videira, o Caminho, a Verdade e a Vida, o Pão da Vida, a Água Viva. Essas expressões nos ajudam a reconhecer quem é Jesus. Ele, o Messias esperado, aquele que veio para ajudar, servir e melhorar o mundo com seus ensinamentos. Ele veio revelar o Pai e realizar o plano de amor de Deus para com a humanidade, doando sua vida por amor.

## 1. OLHANDO PARA A VIDA

Sabemos que Jesus é nosso amigo e quer estar sempre conosco. Mas, para nos tornarmos amigos de Jesus, precisamos conhecê-lo. Converse com seu grupo:

✓ O que sabemos sobre Jesus? Quem é Jesus para cada um de nós?

## 2. ORAÇÃO INICIAL

✓ Trace o sinal da cruz e olhe atentamente para as diferentes imagens de Jesus que estão na sala do encontro.

✓ Com seu grupo, rezem juntos o Pai-nosso.

## 3. ESCUTANDO A PALAVRA

✓ Proclamação do Evangelho segundo São Mateus 16, 13-20.

✓ Depois de ouvir a proclamação da Palavra de Deus, leia o texto uma segunda vez, identificando quem são as pessoas, quais são as principais palavras, que perguntas e respostas são encontradas no texto.

**PENSE E ANOTE:**

a) Qual frase chamou mais a sua atenção? O que mais toca o seu coração?

b) Quais palavras mais se repetem no Evangelho de hoje?

c) Quais personagens surgem durante a narrativa?

----------------------------------------------------------------

----------------------------------------------------------------

----------------------------------------------------------------

----------------------------------------------------------------

----------------------------------------------------------------

----------------------------------------------------------------

----------------------------------------------------------------

## 4. MEDITANDO A PALAVRA

✓ O que o texto diz para você e para o grupo?

✓ Qual é a importância das palavras de Jesus para sua vida?

✓ Quem é Jesus para você?

● Faça suas anotações.

----------------------------------------------------------------

----------------------------------------------------------------

----------------------------------------------------------------

----------------------------------------------------------------

----------------------------------------------------------------

----------------------------------------------------------------

----------------------------------------------------------------

## 5. REZANDO COM A PALAVRA

✓ Faça sua oração, agradecendo ou pedindo a Jesus por suas necessidades, do seu grupo e da sua comunidade. Ele poderá acolher as suas preces e fortalecer a sua caminhada, pois é o Messias, o Libertador, o Ressuscitado, o Filho de Deus.

✓ Recorde e escreva o que a Palavra despertou em seu coração.

## 6. VIVENDO A PALAVRA

✓ Como compromisso para esta semana, faça uma pesquisa com três ou quatro pessoas. Elas devem responder a seguinte pergunta: quem é Jesus para você?

✓ Registre as respostas de sua pesquisa e depois compare com as de seus colegas de catequese.

**LEMBRETE**

# JESUS AMA SEUS AMIGOS

**SE LIGA**

JESUS SE DIZ O BOM PASTOR.

Jesus se apresenta como o Bom Pastor, aquele que conhece as suas ovelhas e elas o conhecem. O Bom Pastor é capaz de dar a vida pelas suas ovelhas, porque as ama, quer o bem delas. Dizer que Jesus é Bom Pastor significa que Ele conhece as pessoas, suas ovelhas, e por elas dedicou sua vida para cuidar e protegê-las, pois para cada uma quer o bem, pois as ama.

## 1. OLHANDO PARA A VIDA

Retome o compromisso do encontro anterior: a pesquisa sobre quem é Jesus.

✓ Você conseguiu fazer? Quais respostas obteve? Partilhe com seus colegas.

## 2. ORAÇÃO INICIAL

✓ Faça o sinal da cruz e, em silêncio, prepare-se para escutar a Palavra de Deus.

## 3. ESCUTANDO A PALAVRA

✓ Proclamação do Evangelho segundo São João 10, 11-15.
✓ Depois de ouvir a proclamação da Palavra de Deus, leia o texto mais uma vez, em silêncio.

**PENSE E ANOTE:**

**a** Como Jesus se apresenta?
**b** O que o bom pastor faz? Por que Jesus é o verdadeiro Pastor?
**c** Qual frase chamou mais a sua atenção?
**d** Qual a relação que existe entre o pastor, as ovelhas e o mercenário?

## 4. MEDITANDO A PALAVRA

✓ Qual a mensagem de Jesus?
✓ Como Jesus ama suas ovelhas, seu povo? Quem são os pastores hoje e quem são os mercenários? Como agem?
✓ Olhe para a imagem de Jesus em seu livro, o Bom Pastor, e observe:
  ▪ O que Jesus está fazendo? E as ovelhas?
  ▪ Conhecemos pessoas que também são como algumas ovelhas que estão longe de Jesus?

● Faça suas anotações.

## 5. REZANDO COM A PALAVRA

✓ Qual a oração que deseja dirigir a Deus, após ter meditado sua Palavra?

✓ O que você quer dizer a Deus neste momento?

Reze com seu grupo, juntos, o Salmo 23(22).
Concluam este momento rezando: *Pai nosso...*

## 6. VIVENDO A PALAVRA

✓ Que compromissos você e o seu grupo de catequese podem assumir para serem bons pastores, testemunhando o que aprenderam neste encontro?

_____

### LEMBRETE

✓ Anote o dia e o horário da celebração para entrega da Palavra. Convide sua família e seus padrinhos para participarem.

✓ Traga a Bíblia.

### ANOTAÇÕES PESSOAIS

_____

# JESUS, AS CRIANÇAS E O REINO

**⏻ SE LIGA**

**A VIDA E A MISSÃO DE JESUS** revelou como Ele cuida, acolhe e anuncia o Reino do Pai.

Jesus se coloca ao lado dos pequenos, dos excluídos, e assume a defesa deles. Ele acolhe e abençoa as pessoas sem fazer distinção entre elas, sem preconceito ou discriminação. Mesmo os discípulos querendo algumas vezes impedi-lo, Jesus se aproxima e as valoriza.

Jesus veio anunciar o Reino do Pai, o qual deve ser acolhido por todos. Para que isso aconteça, as pessoas precisam saber e entender sua proposta, pois somente assim poderão acolhê-lo em suas vidas. Para acolher o Reino, as pessoas devem ser simples, libertas de preconceitos e atitudes egoístas. O Reino é dos simples, dos que são generosos e solidários. Por isso, Jesus diz: "Deixai vir a mim as criancinhas e não as impeçais, pois o reino de Deus é daqueles que são como elas" (Lc 18 16). O Reino de Deus é onde se faz a experiência de uma vida de paz, alegria, simplicidade e amor.

## 1. OLHANDO PARA A VIDA

Seguindo a orientação do catequista, partilhe como você viveu os compromissos do encontro anterior.

✓ Olhando para a nossa realidade, descobrimos que as pessoas buscam por uma vida de paz, sem preconceitos e atitudes egoístas, com respeito e solidariedade. Você também busca isso para sua vida? Converse com os colegas e com o catequista sobre como você imagina que pode ou deve ser a convivência entre as pessoas e a vida no mundo.

## 2. ORAÇÃO INICIAL

✓ Faça o sinal da cruz e, em silêncio, peça a luz de Deus sobre você, seus colegas, para saberem acolher os seus ensinamentos nesse encontro.

## 3. ESCUTANDO A PALAVRA

✓ Proclamação do Evangelho segundo São Lucas 18,15-17.
✓ Depois de ouvir a proclamação do Evangelho, leia o texto mais uma vez, em silêncio.

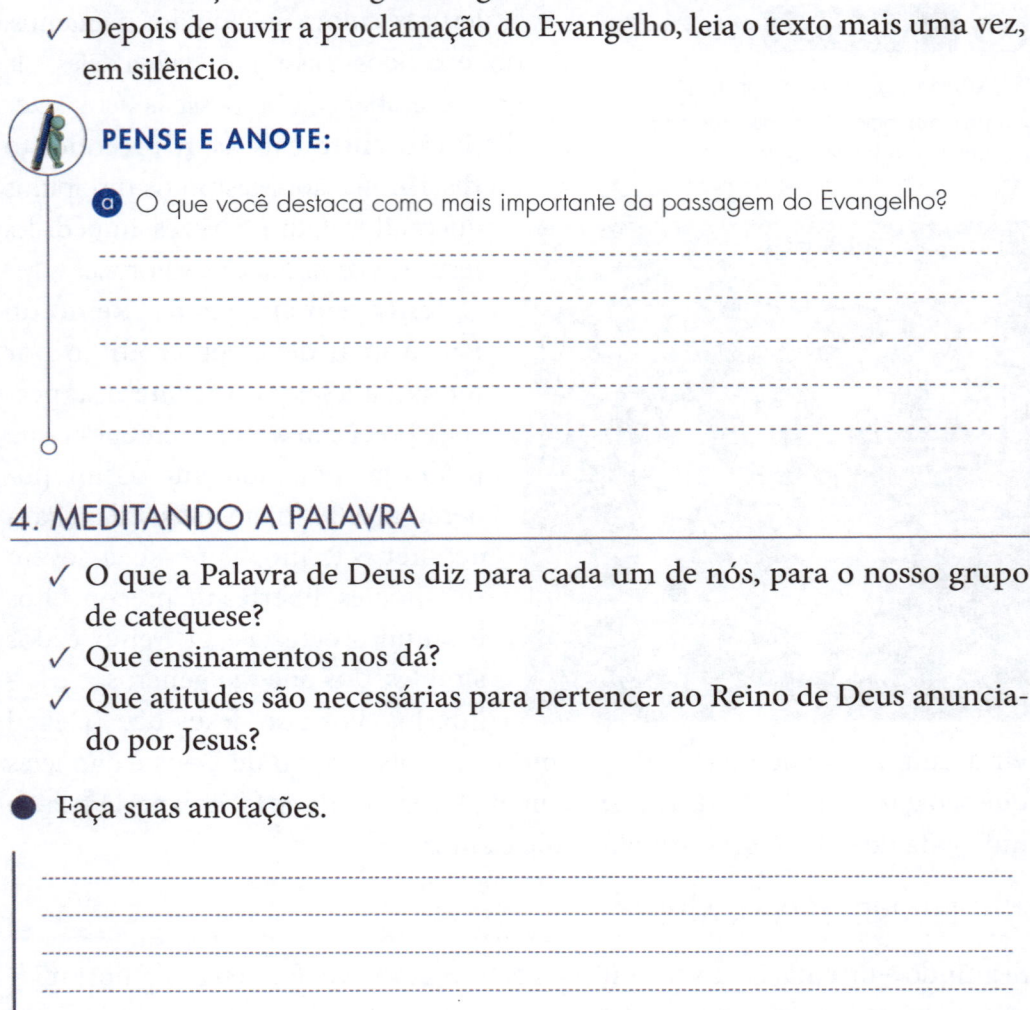

**PENSE E ANOTE:**

**a** O que você destaca como mais importante da passagem do Evangelho?

-------------------------------------------------------------
-------------------------------------------------------------
-------------------------------------------------------------
-------------------------------------------------------------
-------------------------------------------------------------

## 4. MEDITANDO A PALAVRA

✓ O que a Palavra de Deus diz para cada um de nós, para o nosso grupo de catequese?
✓ Que ensinamentos nos dá?
✓ Que atitudes são necessárias para pertencer ao Reino de Deus anunciado por Jesus?

● Faça suas anotações.

-------------------------------------------------------------
-------------------------------------------------------------
-------------------------------------------------------------
-------------------------------------------------------------
-------------------------------------------------------------
-------------------------------------------------------------
-------------------------------------------------------------
-------------------------------------------------------------
-------------------------------------------------------------
-------------------------------------------------------------

## 5. REZANDO COM A PALAVRA

✓ Olhe para a imagem em seu livro e faça sua oração pessoal. O que deseja dizer a Deus?

✓ Escreva sua oração pessoal.

---

**Com seu grupo rezem juntos:**

*Jesus, amigo das crianças, nós te agradecemos porque nos acolhes e abençoas a nós que somos pequenos e simples. Obrigado, Jesus. Queremos te conhecer melhor, queremos anunciar a todos o teu Reino de paz, de verdade, de alegria, de fraternidade e amor. Abençoa hoje a cada um de nós, para que possamos anunciar a ti e ao Reino do Pai na família, na escola, no jogo e com os amigos. Amém.*

✓ Concluam este momento rezando: *Pai Nosso...*

## 6. VIVENDO A PALAVRA

✓ Como compromisso nesta semana, vamos anunciar a outras crianças e a quem nós encontrarmos que Jesus nos ama e nos quer como representantes e testemunhas do Reino de Deus na escola, no jogo, na família e onde estivermos.

✓ Escolha uma atitude para viver nesta semana, a partir do que aprendeu com Jesus neste encontro.

**LEMBRETE**

✓ Marcar dia e horário da celebração da entrega da Palavra de Deus.

**ANOTAÇÕES PESSOAIS**

# A PALAVRA DE DEUS NOS REVELA JESUS

**SE LIGA**

A PALAVRA DE DEUS É A FONTE DA CATEQUESE.

É com a Palavra de Deus e por meio dela que conhecemos melhor quem é Deus e o seu amor por nós, seu projeto de vida e de salvação. Por isso, nos encontros de catequese, a fonte primeira e base fundamental é a Palavra de Deus. É lendo e meditando a Palavra que podemos conhecer Jesus, sua vida, seus gestos e sua missão, e o que Ele pede para cada pessoa.

O livro da Palavra de Deus reúne uma coleção de 73 livros: 46 do Antigo Testamento e 27 do Novo Testamento. Cada um ajuda a reconhecer a presença e a ação de Deus na história da humanidade.

## 1. OLHANDO PARA A VIDA

Converse com seu catequista e seus colegas sobre a celebração da entrega da Bíblia:

✓ Como foi e do que você mais gostou?

O assunto deste encontro é o livro mais importante para nós, cristãos: a Bíblia. Converse com seu grupo de catequese sobre as seguintes questões:

✓ O que você sabe sobre a Bíblia?

✓ Em casa, costuma ler a Bíblia? Por quê?

## 2. ORAÇÃO INICIAL

✓ Trace o sinal da cruz e reze junto com o seu grupo: *Glória ao Pai e ao Filho e ao Espírito Santo...*

## 3. ESCUTANDO A PALAVRA

✓ Proclamação do Evangelho segundo São Lucas 4,16-21.

✓ Depois de ouvir a proclamação, leia o texto bíblico mais uma vez.

**PENSE E ANOTE:**

ⓐ Onde está Jesus? O que Ele proclama?

ⓑ Qual a mensagem desse texto?

## 4. MEDITANDO A PALAVRA

✓ O que a Palavra diz para você? O que Jesus anunciou?

✓ Qual é a sua relação com a Bíblia, o livro da Palavra? E a de sua família?

● Faça suas anotações.

✓ Ajudado pelo catequista, faça o exercício de encontrar os livros, os capítulos e os versículos da Bíblia.

## 5. REZANDO COM A PALAVRA

✓ O que a Palavra de Deus faz você rezar?

✓ O que você deseja dizer a Deus hoje neste encontro?

**Reze com seu grupo de catequese:**

## 6. VIVENDO A PALAVRA

✓ Que compromisso você e seu grupo podem assumir para realizar durante a semana?

---
---
---

**Sugestão:** arrumar, em casa, um lugar de destaque para colocar a Bíblia. Todos os dias, convidar as pessoas da família para ler um breve texto da Palavra de Deus e fazer uma oração.

**LEMBRETE**

✓ Fazer uma foto do espaço organizado com a Bíblia em sua casa e enviar ao catequista ao longo da semana.

**ANOTAÇÕES PESSOAIS**

---
---
---
---
---
---
---

# CONHECENDO MELHOR A BÍBLIA

**SE LIGA**

A SAGRADA ESCRITURA É COMO UMA FONTE DE ÁGUA. A cada instante, brota água nova que não é a mesma do segundo anterior. É como um copo de água que você bebe e traz uma boa sensação.

A Palavra de Deus é sempre nova e atual. Ao ler o texto da Escritura, é preciso fazê-lo com o mesmo respeito que demonstramos ao encontrar uma pessoa pela primeira vez. Isso significa que devemos estar atentos às palavras, às repetições, ao modo como está escrito, a quem aparece no texto, em que lugar, o que fazem, o que falam..., é preciso compreender por que o texto foi escrito e qual foi o contexto, somente assim é possível compreender o que diz e, depois, no que ele contribui para nossa vida. A partir do entendimento desses aspectos, é possível criar intimidade com a Palavra de Deus para saber o que dizer a Ele e o que queremos viver, com base na mensagem e nos ensinamentos identificados no texto, ou seja, na Palavra de Deus para nós.

## 1. OLHANDO PARA A VIDA

Partilhe com o grupo como foi sua semana e como viveu o compromisso assumido no encontro anterior.

## 2. ORAÇÃO INICIAL

✓ Faça o sinal da cruz e, em silêncio, peça ao Senhor a graça de fazer um bom encontro.

## 3. ESCUTANDO A PALAVRA

✓ Proclamação do texto bíblico de Deuteronômio 30,11-14.
✓ Leia mais uma vez o texto, com atenção a cada palavra.

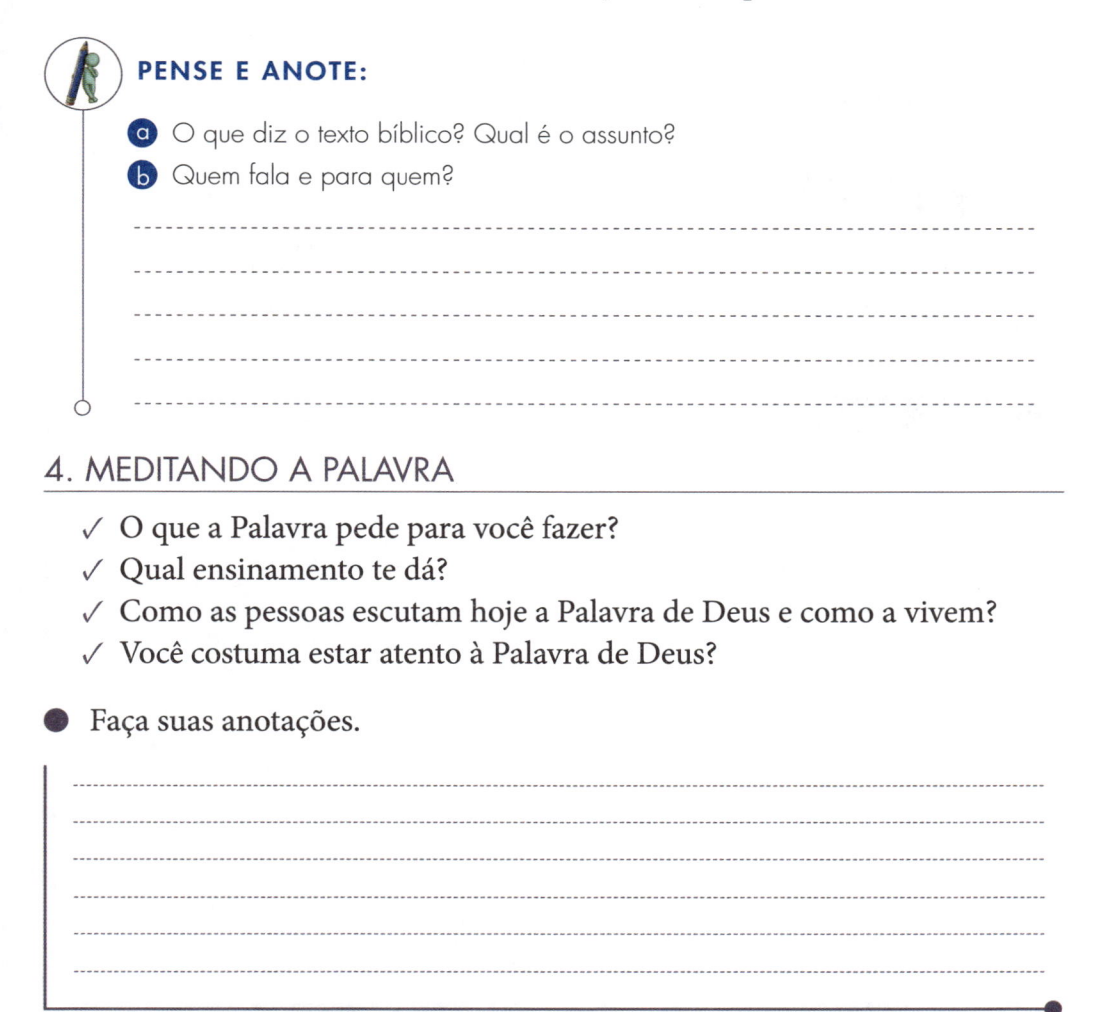

**PENSE E ANOTE:**

**a** O que diz o texto bíblico? Qual é o assunto?
**b** Quem fala e para quem?

## 4. MEDITANDO A PALAVRA

✓ O que a Palavra pede para você fazer?
✓ Qual ensinamento te dá?
✓ Como as pessoas escutam hoje a Palavra de Deus e como a vivem?
✓ Você costuma estar atento à Palavra de Deus?

● Faça suas anotações.

## 5. REZANDO COM A PALAVRA

✓ Faça em silêncio a sua oração a Deus.

> Com seu grupo, reze o Salmo 119,33-39, acompanhando em sua Bíblia.

## 6. VIVENDO A PALAVRA

✓ O que a Palavra que hoje ouviu e meditou pede para você viver?

**LEMBRETE**

✓ Durante a semana, procure ler alguns pequenos textos da Bíblia para partilhar no próximo encontro o que leu e como eles inspiraram você.

**ANOTAÇÕES PESSOAIS**

# DEUS AMA TUDO QUE ELE CRIOU

## SE LIGA

OLHANDO O MUNDO, vemos nele a grande casa de Deus, nosso Pai bondoso.

Deus preparou o mundo como uma casa para todas as pessoas, e para que nela tivessem o seu lugar. Sabemos que somos chamados a cuidar bem das coisas que estão ao nosso redor, lembrando que Deus as criou porque somos seus filhos e Ele quer que possamos usufruir de sua criação sendo felizes no mundo que preparou para nós.

## 1. OLHANDO PARA A VIDA

Partilhe com seu grupo algo bom que aconteceu durante a semana que passou e como você conseguiu viver o compromisso assumido no encontro anterior.

✓ Relate: quais textos você leu e meditou? O que você tem a dizer sobre eles?

Neste encontro você ficará sabendo sobre tudo o que Deus criou, especialmente o Universo. Converse com seu grupo:

✓ O que já sabem sobre isso? O mundo criado por Deus está como no início da criação? O que vemos?

## 2. ORAÇÃO INICIAL

✓ Faça o sinal da cruz e, em silêncio, lembre das pessoas queridas que, assim como você, Deus criou e reze por elas.

## 3. ESCUTANDO A PALAVRA

✓ Proclamação do texto bíblico de Gênesis 1,1-25.
✓ Leia novamente o texto bíblico, em dupla.

**PENSE E ANOTE:**

a O que Deus criou e como o criou?
b O que chamou sua atenção?
c O que Deus disse a cada coisa criada?

-------------------------------------------------------
-------------------------------------------------------
-------------------------------------------------------
-------------------------------------------------------
-------------------------------------------------------

## 4. MEDITANDO A PALAVRA

✓ Ao ler Genesis 1,1-25, qual o ensinamento que podemos tirar do texto?
✓ Como temos cuidado da natureza que Deus criou?
✓ O mundo, a natureza que temos hoje, está conforme Deus criou? Por quê?
✓ O que tem de errado? Como as pessoas e nós cuidamos das coisas que Deus criou?

● Faça suas anotações.

-------------------------------------------------------
-------------------------------------------------------
-------------------------------------------------------
-------------------------------------------------------
-------------------------------------------------------

## 5. REZANDO COM A PALAVRA

O sinal, o símbolo, orienta e nos indica o que não vemos, nos aponta uma outra realidade. Tem a função de unir duas partes de uma mesma coisa reunir, colocar junto.

- ✓ Olhe para os sinais e os elementos da natureza que seu catequista organizou para este encontro. O que significam? O que ensinam?
- ✓ O que eles nos fazem dizer a Deus?

Pensando no mundo criado por Deus, procure na sua Bíblia o Salmo 8 e reze com o seu grupo de catequese.

- ✓ São Francisco é o patrono da ecologia. Ele sempre chamou todos os elementos da natureza de irmãos e irmãs, reconhecendo-os como criaturas de Deus. Com seu grupo de catequese, cante o *Cântico das Criaturas* (Zé Vicente).

## 6. VIVENDO A PALAVRA

Esta semana, o compromisso será conforme o grupo rezou e refletiu neste encontro sobre a preservação da natureza, o mundo criado por Deus. Que tal assumir o compromisso de destinar corretamente o lixo produzido em nossa casa, praticando a coleta seletiva, e cuidar da beleza e limpeza dos espaços que ocupamos, em casa, na rua e na escola?

**LEMBRETE**

# SOMOS FILHOS AMADOS DE DEUS, FEITOS À SUA IMAGEM E SEMELHANÇA

**SE LIGA**

O SER HUMANO NÃO NASCE POR ACASO, foi Deus que o criou, e criou o homem e a mulher à sua imagem e semelhança.

Deus sempre amou cada um de nós, por isso preparou o mundo com muito cuidado, para que nele pudéssemos viver bem. Cada pessoa é muito importante ao coração de Deus e a cada uma Ele deu liberdade para manifestar o que pensa e expressar o que sente. Isso porque somos "criaturas de Deus", amadas por Ele. Na Bíblia, deparamo-nos com afirmações que confirmam seu amor por nós, como "Ainda que a mãe se esqueça de seu filho, Eu não me esquecerei de ti" (Is 49,15). "Porque és precioso aos meus olhos, porque Eu te aprecio e te amo, permuto reinos por ti, entrego nações em troca de ti" (Is 43,4). Só o homem e a mulher são capazes de conhecer e amar o seu Criador.

## 1. OLHANDO PARA A VIDA

Comente: o que você lembra sobre o que foi refletido no encontro anterior? Qual compromisso foi assumido e como foi vivido?

Neste encontro, você é convidado a saber mais sobre o homem e a mulher, criados à imagem e semelhança de Deus e com a missão de cuidar do mundo que Deus criou.

## 2. ORAÇÃO INICIAL

- ✓ Em silêncio, acompanhe a orientação do catequista e reze.
- ✓ Faça o sinal da cruz e, em silêncio, peça a luz de Deus para acolher em sua vida os ensinamentos deste encontro.

## 3. ESCUTANDO A PALAVRA

- ✓ Proclamação dos textos bíblicos de Gênesis 2,18-25; 1,26-31.
- ✓ Leia novamente, em silêncio, os textos proclamados.

**PENSE E ANOTE:**

- (a) Palavras, frases, verbos dos textos que chamaram sua atenção.
- (b) O ser humano, embora criado à "imagem e semelhança de Deus", é diferente das demais criaturas. Por quê?

------

------

------

------

------

------

------

------

## 4. MEDITANDO A PALAVRA

- ✓ Ao ler Gn 2,18-25 e Gn 1, 26-31, como entendemos o amor de Deus por nós?
- ✓ Com Deus, temos uma relação de amor. Como deve ser o relacionamento entre os seres humanos?
- ✓ Quais as diferenças entre os dois relatos bíblicos?

✓ Escreva o versículo que narra como o ser humano foi criado.

● Faça suas anotações.

―――――――――――――――――――――――――――――――――――――
―――――――――――――――――――――――――――――――――――――
―――――――――――――――――――――――――――――――――――――
―――――――――――――――――――――――――――――――――――――
―――――――――――――――――――――――――――――――――――――
―――――――――――――――――――――――――――――――――――――
―――――――――――――――――――――――――――――――――――――

✓ Seguindo a orientação do catequista, modele bonecos que representem o homem e a mulher.

## 5. REZANDO COM A PALAVRA

✓ Em silêncio, diante da grandeza da obra de Deus, que nos criou à sua imagem e semelhança, faça sua oração de agradecimento, de louvor ou de perdão. Depois a escreva.

―――――――――――――――――――――――――――――――――――――
―――――――――――――――――――――――――――――――――――――
―――――――――――――――――――――――――――――――――――――
―――――――――――――――――――――――――――――――――――――
―――――――――――――――――――――――――――――――――――――
―――――――――――――――――――――――――――――――――――――
―――――――――――――――――――――――――――――――――――――
―――――――――――――――――――――――――――――――――――――

✓ Partilhe com o seu grupo de catequese a sua oração.

Rezar o Salmo 138 (139) da Bíblia.

## 6. VIVENDO A PALAVRA

✓ Durante a semana, em casa, escreva quais atitudes devemos ter em relação ao próprio corpo, feito à imagem e semelhança de Deus, e em relação ao cuidado com a vida do próximo e dos irmãos e irmãs.

✓ Converse com as pessoas que moram em sua casa e identifique quais são as atitudes de respeito que se tem ou deve ter com os que são imagem de Deus.

LEMBRETE

ANOTAÇÕES PESSOAIS

# QUEBRA DA ALIANÇA

**SE LIGA**

DEUS CRIOU O SER HUMANO para ser livre e para a felicidade.

O desejo de poder, o orgulho e a vontade de se igualar a Deus, fez com que o ser humano se fechasse em si mesmo e caísse em pecado. A consequência dessa opção o fez se tornar triste, sentir medo e querer esconder-se de Deus. Ainda, o levou a culpar as outras pessoas por suas faltas, ficando preso no seu egoísmo. Por causa do pecado do orgulho e do egoísmo, o sofrimento – violência, corrupção, indiferença, preconceito etc. – entra na vida humana e no mundo. Quando o ser humano se esquece que foi criado à imagem de Deus, sofre e faz os outros sofrerem. Deus, em seu infinito amor, o criou para ser feliz e para trilhar os seus caminhos. Somente assim é possível se tornar verdadeiramente livre para escolher o que é bom.

## 1.OLHANDO PARA A VIDA

Partilhe com os colegas as atitudes que escreveu durante a semana com relação ao cuidado com o próprio corpo, com a vida do próximo, dos irmãos e irmãs.

## 2. ORAÇÃO INICIAL

✓ Trace o sinal da cruz e olhe para os símbolos que seu catequista organizou. Depois, faça sua oração pessoal, pedindo perdão por muitas vezes ser egoísta e desobediente à vontade de Deus.

## 3. ESCUTANDO A PALAVRA

✓ Proclamação do texto bíblico de Gênesis 3,1-13.
✓ Seguindo a orientação do catequista, alguém do grupo lê uma segunda vez o texto bíblico.

**PENSE E ANOTE:**

a O que lemos no texto? Qual o fato acontecido?
b Quais são as personagens que aparecem no texto?

--------------------------------------------------
--------------------------------------------------
--------------------------------------------------
--------------------------------------------------
--------------------------------------------------
--------------------------------------------------
--------------------------------------------------
--------------------------------------------------
--------------------------------------------------
--------------------------------------------------
--------------------------------------------------
--------------------------------------------------
--------------------------------------------------
--------------------------------------------------

## 4. MEDITANDO A PALAVRA

- ✓ O que você aprendeu com a Palavra?
- ✓ Quando rompemos a Aliança com Deus?
- ✓ Nos dias atuais, ainda temos atitudes que desagradam a Deus e rompem a Aliança com Ele? Quais são? E o que devemos fazer diante disso?

● Faça suas anotações.

## 5. REZANDO COM A PALAVRA

Deus sempre nos ama. Porém, guiados pelos nossos interesses, pelo egoísmo e pela ganância, afastamo-nos desse amor.

- ✓ Pense, no silêncio do seu coração: o que faço que pode me afastar de Deus?
- ✓ Reze em atitude de arrependimento e pedido de perdão a Deus, acreditando que ele renova seu amor para com você.

## 6. VIVENDO A PALAVRA

✓ Nesta semana, em casa, reserve um tempo para escrever algumas atitudes que o afastam de Deus e procure evitá-las.

**LEMBRETE**

**ANOTAÇÕES PESSOAIS**

# DEUS RENOVA SUA ALIANÇA DE AMOR

DEUS, NO SEU INFINITO AMOR, está sempre pronto a renovar sua Aliança com a humanidade.

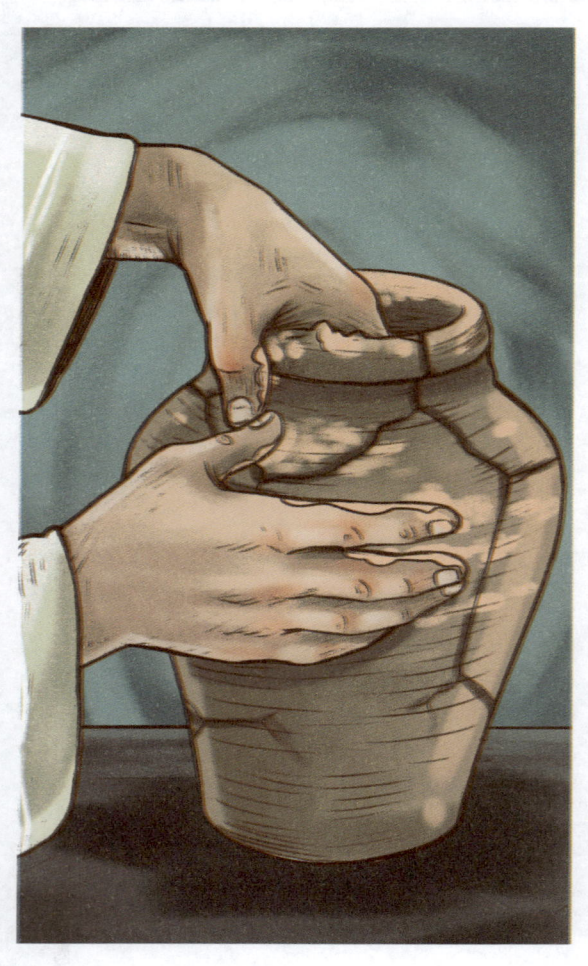

A desobediência é a fonte de todos os males, é a opção de pensar unicamente em si mesmo, de entender a sociedade ou o mundo sem Deus. Assim, a autossuficiência do ser humano chega ao máximo da pretensão: começa a considerar-se um deus ou semideus, projetando uma super-humanidade independente do projeto original de Deus. E, dessa forma, o pecado passa a fazer parte da vida do homem que se afasta de Deus, tornando-se um estranho ante os olhos divinos.

Vendo sua criação se tornar uma obra-prima desfigurada, Deus decide exterminá-la. Tudo perdido? Não. Todas as vezes que a Aliança é quebrada, foi o homem que tomou a iniciativa de quebrá-la. Deus, em seu infinito amor, como sempre, encontrou meios para renová-la. Para isso, usou e usa de intermediários, como Noé, para fazer ou restaurar a Aliança com seu povo e conduzi-lo. A Aliança não era só com a pessoa escolhida, mas com todo o povo.

## 1. OLHANDO PARA A VIDA

Relembre os compromissos assumidos no encontro anterior.

Recorde a lista de atitudes que podem afastá-lo de Deus e o que conseguiu evitar na semana que passou.

- ✓ Como as pessoas, hoje, conseguem restabelecer os laços de amizade, de unidade, rompidos pelas ofensas?
- ✓ As pessoas sabem perdoar e pedir perdão?

## 2. ORAÇÃO INICIAL

- ✓ Faça o sinal da cruz e sua oração espontânea, seguindo a orientação do catequista.
- ✓ Neste encontro, você é convidado a entender como Deus se serve de uma pessoa boa, justa, fiel a Ele para restabelecer a Aliança com a humanidade que o homem quebrou com o pecado. Acompanhe com atenção e conheça quem é essa pessoa.

## 3. ESCUTANDO A PALAVRA

- ✓ Proclamação do texto bíblico de Gênesis 6,5-8.7,1-5.
- ✓ Releia o texto em silêncio, fazendo paradas em cada palavra que chamar sua atenção.

 **PENSE E ANOTE:**

- **a** O que diz o texto? O que Deus diz diante da realidade que encontra?
- **b** O que motivou Deus a pensar em desistir da Aliança que havia feito com o homem?
- **c** O ser humano entristece Deus a ponto d'Ele querer destruir sua criação? Por que não o fez?

---------------------------------------------------------------

---------------------------------------------------------------

---------------------------------------------------------------

---------------------------------------------------------------

---------------------------------------------------------------

---------------------------------------------------------------

---------------------------------------------------------------

---------------------------------------------------------------

## 4. MEDITANDO A PALAVRA

✓ Ao ler Gênesis 6,5-8.7,1-5, o que mais chamou atenção? Por quê?
✓ Quem toma a iniciativa de renovar a Aliança rompida? Como isso acontece?
✓ Quando ofendemos alguém, como nos reconciliamos?

● Faça suas anotações.

_____
_____
_____
_____
_____

✓ Noé, escolhido por Deus, era um homem justo. Você conhece pessoas justas? O que fazem? Como podemos ser justos?

_____
_____
_____
_____
_____

## 5. REZANDO COM A PALAVRA

✓ O que a Palavra que meditou te faz dizer a Deus? Faça, em silêncio, espontaneamente, sua prece de agradecimento e louvor a Deus pelo seu grande amor para com as pessoas.
✓ Escreva sua prece e reza-a para seus colegas.

_____
_____
_____
_____
_____
_____
_____
_____
_____

✓ Após cada um rezar a sua oração, repetir juntos: *Nós vos louvamos, Senhor Deus.*

> Com seu grupo de catequese, reze o Salmo 43.

## 6. VIVENDO A PALAVRA

✓ Em casa, converse com os seus pais e familiares sobre o valor da Aliança e partilhe o que entendeu do encontro e sobre o texto de Gn 6,5-8.

**LEMBRETE**

✓ Anote o dia e horário da celebração de acolhida no catecumenato. Convide seus familiares e padrinhos.

**ANOTAÇÕES PESSOAIS**

# 2º | TEMPO

## CATECUMENATO

# JESUS É ANUNCIADO E ESPERADO

**SE LIGA**

NO ADVENTO, SOMOS CONVIDADOS a nos preparar para a chegada de Jesus em nosso meio.

No Tempo do Advento, somos convidados a nos preparar para a chegada do Menino Deus. É o tempo que antecede o Natal e tem a duração de quatro semanas. Além de ser caracterizado como um tempo de espera e oração, o tempo do Advento também é por um símbolo: a coroa do Advento. Ela é circular e possui quatro velas. Em cada domingo desse tempo, é acesa uma vela. Acendendo as velas da coroa, também precisamos acender a chama da nossa fé, da luz e da esperança em nossas vidas, esperança esta que o profeta Isaías veio anunciar. Neste tempo de Advento, usa-se nas celebrações a cor lilás, ou rosácea, uma cor mais leve do que a cor roxa da Quaresma. Indica um tempo de espera alegre, de expectativa e preparação para a vinda do Senhor. Embora seja um tempo de conversão, de mudança de vida, não tem a mesma força do tempo quaresmal.

## 1. OLHANDO PARA A VIDA

Comente com seu grupo sobre a celebração da entrada no catecumenato:

✓ O que sentiu? Foi importante? Porquê?

A partir deste encontro, inicia-se uma série de reflexões sobre o tempo do Advento. Você sabe o que é? Já ouviu falar?

## 2. ORAÇÃO INICIAL

✓ Faça o sinal da cruz e, olhe para os símbolos que seu catequista preparou e faça um instante de silêncio.
✓ Apresente espontaneamente sua oração de agradecimento por estar novamente junto com o seu grupo de catequese para mais este encontro.

## 3. ESCUTANDO A PALAVRA

✓ Proclamação do texto bíblico de Isaías 7,14-17.
✓ Releia em silêncio o texto bíblico.

**PENSE E ANOTE:**

**a** Qual é o sinal que está sendo mencionado no texto?
**b** Qual é o nome da criança? E qual o significado desse nome?
**c** O que ela vai comer? Por quê?

-----------------------------------------------

-----------------------------------------------

-----------------------------------------------

-----------------------------------------------

-----------------------------------------------

## 4. MEDITANDO A PALAVRA

✓ O que você entendeu desse texto?
✓ O que a Palavra de Isaías diz para você, para o grupo de catequese, hoje?
✓ De que modo você pode vivenciar melhor o tempo do Advento?
✓ O que fazer neste tempo de Advento: que atitudes, gestos e ações posso assumir?

● Faça suas anotações.

-----------------------------------------------

-----------------------------------------------

-----------------------------------------------

-----------------------------------------------

-----------------------------------------------

-----------------------------------------------

-----------------------------------------------

## 5. REZANDO COM A PALAVRA

✓ Escreva e faça sua oração: o que você quer dizer, pedir ou agradecer a Deus?

_____
_____
_____
_____
_____
_____
_____
_____
_____
_____
_____
_____
_____
_____
_____

✓ Reze com o grupo a sua oração. Após cada um dizer sua oração, repetir juntos: *Senhor, escutai a nossa prece.*

Concluir este momento rezando com seu grupo a oração do Pai-nosso.

## 6. VIVENDO A PALAVRA

✓ Durante a semana, converse em casa e com os colegas na escola sobre o que é o Advento e como melhor esperar a vinda do Senhor.

LEMBRETE

_____
_____
_____
_____
_____

# MARIA: A JOVEM DE NAZARÉ

⏻ **SE LIGA**

NESTE ENCONTRO, VAMOS REFLETIR sobre o grande amor de Deus pela humanidade.

Deus quis enviar seu Filho ao mundo para assumir a nossa natureza humana. Ele escolheu uma jovem humilde, chamada Maria, da pequena cidade de Nazaré, para ser a mãe do seu Filho, Jesus. Consciente de que, para Deus, nada é impossível, Maria se autodefine como "a serva do Senhor", a obediente aos planos de Deus, aquela que deseja apenas o cumprimento da Palavra. Ao receber o convite de Deus, ela abriu seu coração, e de seus lábios brotou a resposta definitiva que iria contribuir para que se cumprisse a vontade de Deus: "Faça-se em mim segundo a tua Palavra"! (Lc 1,3 8b).

## 1. OLHANDO PARA A VIDA

Converse com os colegas sobre como foi sua semana de estudos, em casa e na comunidade.

✓ Como viveu o compromisso assumido no encontro anterior?

## 2. ORAÇÃO INICIAL

✓ Faça o sinal da cruz e reze com o seu grupo:

Senhor, ajuda-me a reconhecer o teu chamado. Como Maria, que eu possa dizer: eis-me aqui, Senhor, faça-se em mim segundo a tua Palavra.

## 3. ESCUTANDO A PALAVRA

✓ Faça silêncio, preparando-se para acolher o que o Senhor quer te falar.
✓ Proclamação do Evangelho segundo São Lucas 1,26-38.
✓ Leia em silêncio o texto bíblico.

**PENSE E ANOTE:**

(a) Quais são as pessoas citadas no texto?
(b) Para quem é dirigida a mensagem trazida pelo anjo?
(c) Quem enviou o anjo a Maria? O que diz a mensagem?

## 4. MEDITANDO A PALAVRA

✓ Qual o ensinamento que o texto oferece para você e para todos nós?
✓ O que significa a expressão do anjo a Maria: Ave cheia de graça, o Senhor está contigo?
✓ Você tem medos? Quais e por quê?
✓ Como podemos responder sim a Deus diante dos desafios de hoje? Maria podia ter dito não ao anúncio do anjo? Comente.
✓ O que acontece quando não respondemos sim ao projeto de Deus?

● Faça suas anotações.

## 5. REZANDO COM A PALAVRA

✓ Depois de ter lido e meditado a Palavra, converse com Deus, escrevendo e rezando em silêncio a sua oração.

## 6. VIVENDO A PALAVRA

✓ Reze, em família, um Pai-nosso e dez Ave-Marias todos os dias, durante a semana.
✓ Registre essa experiência de oração em família.

**LEMBRETE**

Para o próximo encontro, trazer:
✓ Imagens de pessoas que se coloraram a serviço de outras.
✓ Imagens ou alguns elementos da natureza (areia, pedra, grama...), para montagem de um presépio.

# MARIA E ISABEL: DUAS MÃES, DOIS ENCONTROS

**SE LIGA**

NESTE ENCONTRO, REFLETIREMOS SOBRE O ENCONTRO DE DUAS MULHERES: Maria e Isabel, uma idosa, outra jovem. Com elas, temos muito a aprender.

A disponibilidade de Maria e a acolhida e sensibilidade de Isabel tornaram o encontro entre essas duas mulheres, primas, um momento de graça, de gratuidade, de comunhão de vida e diálogo. Esse foi também o encontro de duas crianças: João e Jesus.

Maria e Isabel, neste encontro, tinham algo a partilhar e a acolher: a obra de Deus em suas vidas. Essas duas mulheres, grávidas de personagens que marcaram a história da salvação, aprenderam a viver o cuidado uma pela outra.

## 1. OLHANDO PARA A VIDA

Seguindo a orientação do catequista, conte como viveu o compromisso do encontro anterior.

Apresente o material que você trouxe para construir o presépio.

## 2. ORAÇÃO INICIAL

✓ Faça o sinal da cruz e participe da oração com seu grupo:

*Catequista:* O anjo do Senhor anunciou a Maria.

**Todos:** E Ela concebeu do Espírito Santo. Ave Maria...

*Catequista:* Eis aqui a serva do Senhor.

**Todos:** Faça-se mim conforme a sua Palavra. Ave Maria...

Catequista: E o Verbo se fez carne.

**Todos:** E habitou entre nós. Ave Maria...

Glória ao Pai e ao Filho e ao Espírito Santo...

✓ Participe com o seu grupo de catequese da montagem do presépio com o material que cada um trouxe para contribuir.

## 3. ESCUTANDO A PALAVRA

✓ Proclamação do Evangelho segundo São Lucas 1,39-56.

✓ Releia o texto, seguindo a orientação do catequista.

**PENSE E ANOTE:**

(a) O que chamou sua atenção de modo especial?

----------------------------------------

----------------------------------------

----------------------------------------

----------------------------------------

----------------------------------------

## 4.MEDITANDO A PALAVRA

✓ O que a Palavra que meditamos diz para você?

✓ O que você aprendeu com esse texto bíblico?

✓ Como vemos, hoje, a realidade da vida do nosso povo?

✓ Por que muitas crianças morrem antes de nascer ou, quando nascem, morrem depois por falta de condições de vida digna?

✓ Você conhece situações e fatos semelhantes?

● Complete sua reflexão acompanhando a orientação do catequista. Depois, faça suas anotações.

## 5. REZANDO COM A PALAVRA

✓ Que oração deseja dirigir a Deus? Reze em silêncio, converse com Jesus.
✓ Escreva sua oração.

> Procure na sua Bíblia o Evangelho segundo São Lucas 1,46-55.
> Reze o mesmo hino que Maria cantou no encontro com Isabel.

## 6. VIVENDO A PALAVRA

✓ Nesta semana, reúna a família para ler ou contar a história da visita de Maria a Isabel e rezem juntos, em momento combinado, o hino que Maria cantou (Lucas 1,46- 55).
✓ Peça que alguém da família escreva uma mensagem para o seu grupo de catequese e apresente no próximo encontro.

✓ Convide seus pais ou responsáveis para fazerem juntos uma visita a alguém que precisa de atenção ou ajuda (doentes, crianças carentes ou de orfanatos, idosos...).

**LEMBRETE**

✓ Para o próximo encontro, selecionar: alguma peça de roupa ou objeto necessário para completar o presépio; e 1 kg de alimento para doação às pessoas necessitadas da comunidade.

**ANOTAÇÕES PESSOAIS**

# PREPARAI O CAMINHO

**SE LIGA**

JOÃO BATISTA, PRIMO DE JESUS, assume a missão de preparar o caminho para o Messias, o Salvador do mundo.

João Batista nos ensina que Jesus é o maior, Ele deve aparecer, sendo ele, João, apenas o precursor, ou seja, aquele que vem à frente para preparar as pessoas receber a proposta de Jesus. E é João mesmo quem diz: "Eu vos batizo com água, mas eis que vem outro mais poderoso do que eu, a quem não sou digno de lhe desatar a correia das sandálias; Ele vos batizará com o Espírito Santo e com o fogo" (Lc 3, 16b).

## 1. OLHANDO PARA A VIDA

Partilhe com seu grupo como viveu os compromissos do encontro anterior, o que conseguiu fazer e como foi.

Conte para o catequista e seu grupo como sua família está preparando a casa para o Natal, para receber Jesus.

✓ Converse com o grupo: andando pelas ruas, pelos shoppings, o que vemos sobre a chegada de Jesus?

## 2. ORAÇÃO INICIAL

✓ Faça o sinal da cruz e, em silêncio, prepare-se para escutar a Palavra de Deus, dizendo juntos:

> Senhor Jesus, preparai os nossos corações para entendermos o que vamos partilhar neste encontro. Que a nossa fé seja fortalecida hoje e sempre. Amém.

## 3. ESCUTANDO A PALAVRA

✓ Proclamação do Evangelho segundo São Lucas 3,3-16.

✓ Em silêncio, releia o texto bíblico.

**PENSE E ANOTE:**

(a) Quais são as personagens neste texto? Que imagens aparecem nele?

(b) O que mais chamou a sua atenção no texto?

-------------------------------------------------
-------------------------------------------------
-------------------------------------------------
-------------------------------------------------
-------------------------------------------------
-------------------------------------------------
-------------------------------------------------

## 4. MEDITANDO A PALAVRA

✓ Em nossa vida, passamos por caminhos com pedras e espinhos. o que são pedras e espinhos no caminho da vida?

✓ Quais os caminhos que precisamos endireitar na nossa vida, no mundo?

✓ O que a Palavra de Deus que ouvimos neste encontro diz para nós?

✓ A partir do texto, imagine-se perguntando a João Batista: e nós, o que devemos fazer?

✓ Que resposta João nos dá? Do que precisamos nos converter, mudar como pessoas, sociedade, família?

● Faça suas anotações.

## 5. REZANDO COM A PALAVRA

✓ O que a Palavra de Deus que meditou te faz rezar? Que oração deseja dirigir a Deus?

✓ Em silêncio, escreva e partilhe com o grupo sua prece.

Acompanhe a reflexão e a orientação do catequista. Depois encerrem este momento rezando juntos a oração:

> *Senhor Deus, que possamos ser obedientes e perseverantes para cumprirmos nossa missão como batizados. Que busquemos sempre seguir os ensinamentos do Evangelho. Que jamais nos desviemos do caminho da fé, do amor e da partilha. Amém!*

## 6. VIVENDO A PALAVRA

✓ Como profeta, João Batista foi obediente a Deus. Como você pode ser obediente no dia a dia na família, na escola, na catequese? Escolha algumas atitudes para praticar.

✓ Nesta semana, junto com a sua família, procure em seu bairro grupos da Novena de Natal e participem deles.

**LEMBRETE**

✓ Anote a data da celebração da reconciliação.

**ANOTAÇÕES PESSOAIS**

# JESUS, O ENVIADO DO PAI, VEIO MORAR NO MEIO DE NÓS

## SE LIGA

NA ORAÇÃO DO ANGELUS, REZAMOS: "E o Verbo se fez carne e habitou entre nós" (Jo 1,14).

Jesus é o Filho de Deus, o Messias esperado, que veio para nos mostrar o caminho para chegar a Deus. Ele se fez homem, um, igual a nós, menos no pecado (Hb 4,15). Ele nasceu pobre, no meio dos pobres, e os primeiros a visitá-lo foram os pastores de Belém, pessoas pobres e marginalizadas. Jesus veio fazer morada no meio de nós, vivendo afastado, oculto em Nazaré, participando das pequenas ações do dia a dia.

## 1. OLHANDO PARA A VIDA

Participe da memória dos compromissos assumidos no encontro anterior e partilhe como você conseguiu os viver e cumprir.

Converse com seu grupo sobre:

- ✓ Como você percebe que as pessoas estão se preparando para o Natal?
- ✓ O que você identifica que está sendo realizado, em preparação ao Natal, na comunidade? Você e sua família estão participando?

## 2. ORAÇÃO INICIAL

- ✓ Faça o sinal da cruz e reze com seu grupo, seguindo a orientação de seu catequista.

> *Jesus, estamos felizes enquanto aguardamos a tua vinda no meio de nós;*
> *Tu és o presente de Deus para nós;*
> *Tu és o Messias esperado que vem trazer a paz e a luz para o mundo;*
> *Queremos nos preparar bem para te acolher com alegria. Amém!*
> *Glória ao Pai...*

## 3. ESCUTANDO A PALAVRA

- ✓ Proclamação do Evangelho segundo São Lucas 2,1-20.
- ✓ Em silêncio, leia novamente o texto bíblico.

**PENSE E ANOTE:**

a) Quais são as personagens? O que cada uma faz?

b) Qual o motivo pelo qual José e Maria foram de Nazaré a Belém?

c) Como e onde foi o nascimento de Jesus?

d) Quem estava lá?

e) Qual das partes você mais gostou?

------------------------------------------------

------------------------------------------------

------------------------------------------------

------------------------------------------------

------------------------------------------------

------------------------------------------------

------------------------------------------------

------------------------------------------------

------------------------------------------------

## 4. MEDITANDO A PALAVRA

- ✓ O que aprendemos com a Palavra de Deus?
- ✓ O que a TV mais fala sobre o Natal?
- ✓ Como você define a importância de Jesus no Natal e a importância do Papai Noel? Quem, para você, pode ser considerado mais importante na vida do cristão? O que precisa ser destacado: o presépio ou a árvore de Natal? Por quê?

● Faça suas anotações.

-------------------------------------------------------------
-------------------------------------------------------------
-------------------------------------------------------------
-------------------------------------------------------------
-------------------------------------------------------------
-------------------------------------------------------------

## 5. REZANDO COM A PALAVRA

- ✓ O que a meditação sobre o nascimento de Jesus te faz dizer a Deus?
- ✓ Escreva sua prece e depois partilhe com o grupo. A cada prece, todos repetem: *Jesus, vem! Nascer em nosso coração.*

-------------------------------------------------------------
-------------------------------------------------------------
-------------------------------------------------------------
-------------------------------------------------------------
-------------------------------------------------------------
-------------------------------------------------------------

Concluindo este momento orante, rezar:

> *Jesus menino, és nossa alegria e nossa esperança. Obrigado por teres nascido no meio de nós, tão simples e tão humilde. Obrigado por seres para nós um presente de Deus Pai que nos ama e nos quer bem. Ajuda-nos a viver este Natal na alegria, na solidariedade com os pobres e com os tristes. Que tua vinda renove em nós o desejo de viver. Pedimos-te que nos ensine a termos um coração grande para amar e acolher cada criança do mundo inteiro. Amém.*

## 6. VIVENDO A PALAVRA

✓ Leia em casa, com a família, o texto bíblico deste encontro e conversem sobre o que ele ensina.

✓ Procure saber sobre alguma criança pobre, recém-nascida. Veja a possibilidade de lhe fazer uma visita, como se visitasse Jesus, doando para ela alguma coisa.

✓ Convide sua família para participar (onde estiverem) da celebração da noite ou do dia de Natal.

**LEMBRETE**

--------------------------------------------------------------
--------------------------------------------------------------
--------------------------------------------------------------
--------------------------------------------------------------

**ANOTAÇÕES PESSOAIS**

--------------------------------------------------------------
--------------------------------------------------------------
--------------------------------------------------------------
--------------------------------------------------------------
--------------------------------------------------------------
--------------------------------------------------------------
--------------------------------------------------------------
--------------------------------------------------------------
--------------------------------------------------------------
--------------------------------------------------------------
--------------------------------------------------------------
--------------------------------------------------------------
--------------------------------------------------------------

# VAMOS A BELÉM, PARA VER O QUE ACONTECEU

Os pastores dizem: "Vamos ver esta palavra que aconteceu, e que o Senhor nos deu a conhecer" (Lc 2,15b). Interessante perceber que a boa notícia não foi comunicada em primeiro lugar aos funcionários do poder, nem às autoridades religiosas, mas aos simples pastores que, tão logo ouviram o anúncio dos anjos, prontamente se colocaram a caminho para ver o que aconteceu. O sinal era: "encontrareis um recém-nascido envolto em faixas e deitado numa manjedoura" (Lc 2,12).

## 1. OLHANDO PARA A VIDA

Converse com o grupo e o catequista sobre:

✓ Qual foi o fato da Bíblia que rezamos e meditamos no encontro anterior?

✓ Qual o compromisso que assumimos e como conseguimos viver?

Neste encontro, continuamos a reflexão do anterior sobre onde e como nasceu Jesus. Por isso, ouça seu catequista e converse com seu grupo sobre as questões que serão apresentadas.

## 2. ORAÇÃO INICIAL

✓ Faça o sinal da cruz e, em silêncio, olhe para os símbolos que seu catequista preparou e faça sua oração pessoal a Deus.

✓ Com seu grupo, reze a oração do Pai-nosso.

## 3. ESCUTANDO A PALAVRA

✓ Proclamação do Evangelho segundo São Lucas 2,12-20.
✓ Releia lentamente cada versículo, fazendo pausas de silêncio.

**PENSE E ANOTE:**

a) A frase ou palavra que mais chamou sua atenção.
b) Quais são as personagens do texto?
c) O que cada uma faz?
d) Qual foi a atitude dos pastores?
e) Qual foi o sinal que orientou o caminho dos pastores?

## 4. MEDITANDO A PALAVRA

✓ No texto, vimos que os pastores foram, às pressas, ver o sinal indicado pelo anjo e que Maria guardava tudo no seu coração. Converse com o seu grupo:
- O que tudo isso diz para você hoje? E para o nosso grupo? Para nossa família?
- Qual o ensinamento que nos dá o tempo de preparação ao Natal?
- A Palavra nos pede alguma mudança de vida, uma conversão, qual?

● Faça suas anotações.

## 5. REZANDO COM A PALAVRA

✓ O que a Palavra de Deus ouvida e meditada te faz rezar? O que deseja dizer a Deus?

> Procure na Bíblia o Salmo 96 (95) e reze com o seu grupo de catequese. Após cada estrofe, dizer juntos: *Resplandeceu a luz sobre nós, porque nasceu Cristo Salvador.*

✓ Repita alguma palavra ou frase do salmo que destaca como mais importante para você.

## 6. VIVENDO A PALAVRA

✓ Partilhe algo que é importante para você com quem mais precisa: brinquedos, roupas, comida...
✓ Organize-se para participar da celebração da noite de Natal ou do dia do Natal com a família.

**LEMBRETE**

Hoje é o último encontro deste ano, retornaremos no próximo ano, dia ...../_____/....., na celebração da Quarta-feira de Cinzas, no início da Quaresma.

**ANOTAÇÕES PESSOAIS**

# INÍCIO DA QUARESMA

# JESUS FAZ A VONTADE DO PAI

## SE LIGA

ESTAMOS RETORNANDO AOS NOSSOS ENCONTROS, dando continuidade ao caminho que iniciamos. Neste caminho, temos o propósito de, aos poucos, conhecer Jesus, como era sua vida, o que Ele buscava, que meta Ele traçou para sua vida.

É muito comum as pessoas terem seus projetos desde pequenos. Todos nós temos o desejo de realizar a nossa vontade, fazer o que gostamos, o que queremos. Jesus, ainda criança, entendeu que sua missão era fazer a vontade do Pai que o enviou. Esse foi seu projeto de vida. Estamos iniciando um tempo muito importante para nós, cristãos: a Quaresma. Nele poderemos crescer no conhecimento de Jesus e aprender como viver fazendo a vontade de Deus.

## 1. OLHANDO PARA A VIDA

Após um período de descanso e convivência com a família, estamos retornando para dar continuidade ao nosso caminho da Iniciação à Vida Cristã. Converse com o seu grupo sobre o que aconteceu de importante nesse tempo e que alegrou o seu coração: como foi o Natal, o primeiro dia do ano e o descanso, como foram as férias...

## 2. ORAÇÃO INICIAL

✓ Faça o sinal da cruz e reze com seu grupo a oração do Senhor: *Pai nosso...*

## 3. ESCUTANDO A PALAVRA

✓ Proclamação do Evangelho segundo São Lucas 2,41-51.
✓ Leia novamente o texto bíblico procurando memorizar cada palavra.

 **PENSE E ANOTE:**

- a) O que você achou importante?
- b) Onde acontece a cena?
- c) O que está acontecendo na região?
- d) Quem estava lá?
- e) Quais são os detalhes do texto que mais chamam atenção?

---
---
---
---
---
---
---
---

## 4. MEDITANDO A PALAVRA

✓ O que a Palavra de Deus que ouvimos diz para você?
✓ Converse com seu catequista e seu grupo sobre:
  - A atitude de Jesus e se alguém conhece fatos assim.
  - O que significa a expressão de Jesus: "Eu devo me ocupar das coisas do Pai"?

- Quais são as preocupações que cada um tem?
- Como é possível perceber o que Deus quer de nós? Qual é a sua vontade?

● Faça suas anotações.

## 5. REZANDO COM A PALAVRA

✓ O que a Palavra te faz dizer a Deus? Escreva sua oração, pedindo para viver conforme a Sua vontade.

Procure e reze com a Bíblia o Salmo 39, seguindo a orientação do catequista.

## 6. VIVENDO A PALAVRA

✓ Que atitudes novas você pode assumir para a sua vida para viver bem este tempo que nos prepara para a Páscoa?
✓ Que tal, com sua família, procurar os grupos de reflexão e participar dos momentos em preparação para a Páscoa?

# QUARESMA:
# TEMPO DE PREPARAÇÃO À PÁSCOA

**SE LIGA**

ESTAMOS INICIANDO UMA NOVA etapa do Ano Litúrgico, o tempo da Quaresma.

A Quaresma é um tempo especial que o Senhor nos oferece para maior oração, revisão da nossa vida e para buscarmos uma vida de acordo com o projeto de Jesus. Nesse tempo, somos chamados a fazer o caminho com Jesus, da cruz para a ressurreição, das trevas à luz, do mal e do pecado para a vida nova.

Na Quaresma, não são propostos gestos concretos, e a Campanha da Fraternidade é um meio para nos ajudar a sermos mais fraternos, pois nos propõe mudança de atitudes com relação a nós mesmos, com a comunidade e com relação ao tema ou à realidade social apresentada a cada ano pela Igreja. A Campanha da Fraternidade em si é uma proposta de mudança de atitude com relação à condição ou situação que envolve as pessoas ou um certo grupo de pessoas. O cristão é chamado a viver e a defender a vida sempre e, principalmente esta mais indefesa, machucada e ferida. É um caminho de conversão.

## 1. OLHANDO PARA A VIDA

Converse e compartilhe com o grupo como foi a semana que passou:
- ✓ O que aconteceu de bom em sua família e com você?
- ✓ Conseguiu fazer o compromisso? Localizou onde e como estão acontecendo os Grupos de Reflexão?

## 2. ORAÇÃO INICIAL

- ✓ Faça o sinal da cruz e, em silêncio, olhe para os símbolos que seu catequista preparou, buscando responder: o que eles significam para você?

## 3. ESCUTANDO A PALAVRA

- ✓ Proclamação do Evangelho segundo São Mateus 6,1-6.16-18;
- ✓ Leia, em silêncio o texto bíblico proclamado.

 **PENSE E ANOTE:**

Em grupo, retome o texto, fazendo seu relato a partir das perguntas, e anote as respostas às questões:
- a O que diz o texto bíblico lido?
- b O que Jesus ensina?
- c A quem Jesus fala?

-------------------------------------------------------------
-------------------------------------------------------------
-------------------------------------------------------------
-------------------------------------------------------------
-------------------------------------------------------------
-------------------------------------------------------------
-------------------------------------------------------------
-------------------------------------------------------------

## 4. MEDITANDO A PALAVRA

- ✓ O que a Palavra de Deus, que escutou, diz para você?
- ✓ O que Deus está te falando? Qual mudança de vida o Senhor pede a cada um de nós?

- ✓ Como costumamos viver a Quaresma em casa e na nossa comunidade?
- ✓ Como podemos viver a oração, o jejum e a caridade na nossa vida?

● Faça suas anotações.

## 5. REZANDO COM A PALAVRA

- ✓ Depois de ter ouvido e meditado a Palavra de Jesus, o que sente e deseja falar a Ele?
- ✓ Olhe os símbolos que seu catequista apresenta neste encontro e, em silêncio, escreva uma oração e reze-a.

Concluam este momento rezando juntos, com a Bíblia, o Salmo 67.

## 6. VIVENDO A PALAVRA

- ✓ Em casa, nesta semana, encontre um tempo para reunir os pais ou as pessoas que moram com você e conte como foi o encontro de hoje. Leia, com eles, o Evangelho que foi refletido no encontro e conversem sobre o que podem aprender com ele.

**LEMBRETE**

_____

_____

_____

_____

**ANOTAÇÕES PESSOAIS**

_____

_____

_____

_____

_____

_____

_____

_____

_____

_____

_____

_____

_____

_____

_____

_____

_____

_____

_____

_____

_____

_____

_____

_____

# A CAMPANHA DA FRATERNIDADE

**SE LIGA**

A CAMPANHA DA FRATERNIDADE nasceu para ser tempo forte de evangelização durante o período da Quaresma.

A Campanha da Fraternidade tem como objetivo ajudar os cristãos e as pessoas de boa vontade a viverem a fraternidade por meio de compromissos e gestos concretos, no processo de transformação da sociedade e a partir de problemas específicos que afetam a vida das pessoas, das comunidades e até do planeta. A Campanha da Fraternidade é expressão de evangelização, de conversão e renovação na vida da Igreja. A cada ano, somos chamados a buscar soluções para as dificuldades, encontradas na sociedade a partir de uma situação concreta.

## 1. OLHANDO PARA A VIDA

Converse com seu grupo, partilhando a partir das perguntas:
- ✓ Houve algum acontecimento ou fato importante que deseja comunicar?
- ✓ Como foi vivido o compromisso do encontro anterior?

## 2. ORAÇÃO INICIAL

- ✓ Faça o sinal da cruz e, em silêncio, observe os símbolos que estão presentes no espaço do encontro. Depois, faça sua oração pessoal.

## 3. ESCUTANDO A PALAVRA

✓ Proclamação do Evangelho segundo São Marcos 9, 2-10.
✓ Leia novamente o texto bíblico com o seu grupo.

**PENSE E ANOTE:**

ⓐ O que diz o texto? De quem está falando?
ⓑ Onde acontece essa cena? Quem está presente?

---

## 4. MEDITANDO A PALAVRA

✓ O que a Palavra diz para você e para este momento de nossa realidade?
✓ Qual a mensagem e o ensinamento que ela nos dá?
✓ Você já fez alguma experiência de escutar a voz de Deus? O que sentiu?

● Faça suas anotações.

---

## 5. REZANDO COM A PALAVRA

✓ O que a Palavra te faz dizer a Deus? Com seu grupo, responda fazendo orações espontâneas.
✓ Olhando para o cartaz da Campanha da Fraternidade que seu catequista apresenta, que prece você pode fazer? Escreva-a.

## 6. VIVENDO A PALAVRA

✓ Neste encontro, você e seu grupo refletiram sobre o tema da Campanha da Fraternidade e o tempo de Quaresma. Com seu grupo, escolha um compromisso coletivo, um gesto concreto que todos possam realizar durante esta semana.

✓ Escreva o compromisso.

**LEMBRETE**

✓ Anote o dia e o horário da celebração da reconciliação.

**ANOTAÇÕES PESSOAIS**

# SEMANA SANTA: O CAMINHO DE JESUS

**SE LIGA**

COM O DOMINGO DE RAMOS, que celebra a solene entrada de Jesus na cidade de Jerusalém, onde celebrará a Páscoa, nós iniciamos a Semana Santa.

Para o cristão, esta semana é muito importante, pois nos ajuda a compreender e viver o mistério central da nossa fé, a Paixão, Morte e Ressurreição do Senhor Jesus. No encontro de hoje, acompanhamos Jesus, que caminha voluntariamente a Jerusalém, sendo aclamado pelo povo: "Bendito o que vem em nome do Senhor!"(Lc 19,38). Chega como um Rei humilde, montado em um jumento, expressando pobreza e simplicidade.

## 1. OLHANDO PARA A VIDA

Converse com seu grupo sobre como você conseguiu viver o compromisso assumido no encontro anterior.

Partilhe como está participando da preparação à Páscoa.

## 2. ORAÇÃO INICIAL

- ✓ Faça o sinal da cruz e acompanhe a orientação do catequista.
- ✓ Diga com seu grupo: *Glória ao Pai e ao Filho e ao Espírito Santo. Amém*!

## 3. ESCUTANDO A PALAVRA

- ✓ Proclamação do Evangelho segundo São Mateus 21,1-11.
- ✓ Leia o texto bíblico mais uma vez, para uma maior compreensão.

**PENSE E ANOTE:**

- **a** O que diz a Palavra proclamada?
- **b** Onde acontece a cena?
- **c** Quem está presente?
- **d** Quais são as aclamações?
- **e** Para onde Jesus está se dirigindo?

-----------------------------------------------------------
-----------------------------------------------------------
-----------------------------------------------------------
-----------------------------------------------------------
-----------------------------------------------------------
-----------------------------------------------------------
-----------------------------------------------------------
-----------------------------------------------------------

## 4. MEDITANDO A PALAVRA

- ✓ O que a Palavra de Deus diz para você?
- ✓ O que Deus falou no passado e o que está falando hoje, por meio deste texto?
- ✓ Olhemos para a nossa vida, o mundo, a comunidade onde vivemos: o que Deus nos pede hoje? Quais atitudes e gestos?

✓ Quem é aclamado nos dias de hoje? E nós, como acolhemos Jesus?

● Faça suas anotações.

## 5. REZANDO COM A PALAVRA

✓ Reze em silêncio, buscando responder à pergunta: o que desejo dizer a Deus? Escreva a oração. Depois, diga espontaneamente sua oração, partilhando com o grupo, em voz alta.

✓ A cada prece, todos dizem ou cantam: *Hosana ao filho de Davi!*

## 6. VIVENDO A PALAVRA

✓ O que a Palavra ouvida, refletida e rezada neste encontro leva você a pensar sobre como irá viver nesta semana?

✓ Que compromisso pode assumir? Anote.

LEMBRETE

✓ Participar da celebração no Domingo de Ramos na comunidade e convidar a família para se organizar para participar das celebrações litúrgicas da Semana Santa.

ANOTAÇÕES PESSOAIS

# JESUS NOS DEIXA UM NOVO MANDAMENTO

O encontro de hoje nos ajuda a fazer memória dos gestos e palavras de Jesus. Ele quis fazer uma refeição com seus amigos para deixar seu testemunho de serviço e apresentar o novo mandamento do amor. O Tríduo Pascal é uma única e grande celebração, vivenciada em três momentos. Tem início na quinta-feira, com a celebração da Ceia do Senhor. Nela lembramos a Instituição da Eucaristia com o lava-pés, gesto por meio do qual compreendemos a vida que se faz serviço. Nesse gesto, acolhemos o novo mandamento do amor. "Assim como eu fiz, fazei vós também" (Jo 13,15).

## 1. OLHANDO PARA A VIDA

Converse com seu grupo e o catequista sobre:
- ✓ Como você percebe que a sociedade está se preparando para a Páscoa?
- ✓ Quais são os sinais visíveis?
- ✓ E a Igreja? E o nosso grupo de catequese, como está se preparando?
- ✓ Estamos levando a sério nossos compromissos? Como?

## 2. ORAÇÃO INICIAL

- ✓ Faça o sinal da cruz e, em silêncio, olhe para os símbolos que seu catequista colocou na sala. Procure relacionar com o que vamos viver na liturgia, ao longo desta semana, e partilhe com o grupo.

## 3. ESCUTANDO A PALAVRA

✓ Proclamação do Evangelho segundo São João 13,1-16.
✓ Leia o texto do Evangelho mais de uma vez.

**PENSE E ANOTE:**

a) O que diz o texto que acabamos de ler?
b) Descreva os elementos, os gestos, as palavras e as personagens do texto.

---

## 4. MEDITANDO A PALAVRA

✓ Acompanhe a orientação do catequista e participe do que for solicitado.
✓ Converse com seu grupo e o catequista:

- Que sentimentos a Palavra e o gesto de Jesus despertaram em você?
- Por que esse gesto é importante para o nosso grupo, para a nossa comunidade?
- Como podemos viver em nossa vida, na família, esse ensinamento de Jesus?

● Faça suas anotações.

## 5. REZANDO COM A PALAVRA

✓ Diante do gesto de Jesus e dos símbolos que seu catequista apresentou no encontro, faça alguns minutos de silêncio.
✓ Depois, faça sua oração de agradecimento, de súplica ou de perdão. Escreva-a.

> Reze com seu grupo o Salmo 116 da Bíblia.

## 6. VIVENDO A PALAVRA

✓ O que este encontro lhe convida a viver?
✓ Qual gesto concreto pode assumir nesta semana?

**LEMBRETE**

# JESUS ESTÁ VIVO NO MEIO DE NÓS

 **SE LIGA**

ESTAMOS VIVENDO a grande festa do ano: a Páscoa!

Durante cinquenta dias, somos convidados a fazer a experiência de Jesus Ressuscitado, que nos aponta para a vida eterna com Ele. Somos chamados a olhar para o Ressuscitado e, como os discípulos, compreender "que ele devia ressuscitar conforme as Escrituras" (cf. Jo 20,9). Neste encontro, será possível reconhecer sua presença viva em nosso meio, que continuamente renova a nossa fé. É preciso identificar os sinais da ressurreição e acreditar!

## 1. OLHANDO PARA A VIDA

Converse com o grupo como viveu a Semana Santa, o Tríduo Pascal e o dia de Páscoa. Desses momentos, o que você destaca que foi importante?

## 2. ORAÇÃO INICIAL

✓ Faça o sinal da cruz e, em silêncio, contemple a vela acesa, que seu catequistas preparou, ela representa Jesus vivo, Ressuscitado no meio de nós.

## 3. ESCUTANDO A PALAVRA

✓ Proclamação do Evangelho segundo São João 20,1-10.

✓ Faça uma leitura silenciosa do texto bíblico.

**PENSE E ANOTE:**

(a) Qual o versículo que mais lhe chamou a atenção? Escreva-o.

(b) Após escrever esse versículo, leia em voz alta para seu grupo de catequese.

-----------------------------------------------------------------
-----------------------------------------------------------------
-----------------------------------------------------------------
-----------------------------------------------------------------
-----------------------------------------------------------------
-----------------------------------------------------------------

## 4. MEDITANDO A PALAVRA

✓ Onde encontramos Jesus Ressuscitado hoje?

✓ Como a ressurreição de Jesus anima a nossa fé e a nossa esperança?

✓ Qual o convite que a Palavra nos faz?

● Faça suas anotações.

-----------------------------------------------------------------
-----------------------------------------------------------------
-----------------------------------------------------------------
-----------------------------------------------------------------
-----------------------------------------------------------------
-----------------------------------------------------------------
-----------------------------------------------------------------
-----------------------------------------------------------------
-----------------------------------------------------------------

## 5. REZANDO COM A PALAVRA

✓ Em silêncio, respire e perceba seu coração bater como sinal de vida. Converse com Jesus vivo, que anima o nosso coração a continuar pulsando.

✓ Escreva o que você quer dizer a Jesus.

Rezar junto ao seu grupo o Salmo 117.

## 6. VIVENDO A PALAVRA

✓ Esta semana, procure reconhecer os sinais de vida nova, de ressurreição na família e na escola, na vida pessoal. Anote para partilhar com o grupo no próximo encontro.

**LEMBRETE**

# JESUS RESSUSCITADO NOS ENSINA A FAZER O BEM

**SE LIGA**

É TEMPO DE ALEGRIA, pois este é o grande dia que o Senhor fez para nós! Eis o tempo favorável para entrar na escola de Jesus.

Com o Ressuscitado, podemos aprender como nos tornarmos pessoas de bem. Para isso, é preciso que estejamos atentos a seus gestos, suas atitudes, às lições que constantemente nos ensina. Neste encontro, iremos reconhecer a prática de Jesus, que passou a vida fazendo o bem a todos. Em seu exemplo, podemos nos inspirar para ser portadores de uma opção preferencial pelas coisas de Deus. A intimidade com Ele nos motiva a sermos construtores da paz e da solidariedade, renunciando a tudo o que nos afasta de Deus e dos irmãos.

## 1. OLHANDO PARA A VIDA

Converse e partilhe com o grupo como foi sua semana, o que foi bom, quais as alegrias e tristezas. Que fatos importantes você tem para destacar?

## 2. ORAÇÃO INICIAL

✓ Faça o sinal da cruz e acompanhe a oração conduzida pelo catequista.

## 3. ESCUTANDO A PALAVRA

✓ Proclamação do Evangelho segundo São Marcos 10,46-52.
✓ Releia em silêncio o texto proclamado.

 **PENSE E ANOTE:**

ⓐ O versículo que mais lhe chamou a atenção.

-------------------------------------------------
-------------------------------------------------
-------------------------------------------------

## 4. MEDITANDO A PALAVRA

✓ Onde encontramos Jesus Ressuscitado hoje?
✓ Como a ressurreição de Jesus anima a nossa fé e a nossa esperança?
✓ Como podemos fazer o bem a exemplo de Jesus?

● Escreva sua reflexão, fazendo seu comentário a partir dessas perguntas.

## 5. REZANDO COM A PALAVRA

✓ O que essa Palavra me faz dizer a Deus? Faça sua oração de súplica, de louvor, de perdão.

✓ Com seu grupo, conversem sobre:
- Como deseja que seja a sua vida?
- O que fazer para que o seu desejo se realize?
- Isso que você deseja para sua vida está em sintonia com a vontade de Deus ou com os ensinamentos que Jesus nos deixou?

● Anote a sua reflexão.

Rezar o Salmo 37 (36) da Bíblia.

## 6. VIVENDO A PALAVRA

✓ Esta semana, procure praticar atitudes de bem, como: ajudar um colega de escola, visitar um doente, ajudar nos serviços da casa.

LEMBRETE

# SOMOS A IGREJA DE JESUS

**SE LIGA**

JESUS RESSUSCITADO dá a missão aos seus discípulos de continuarem a propagar o Reino em todos os lugares da Terra, e promete permanecer com eles.

Todo o que crer e for batizado será salvo. Cristo quer nos incluir em sua família para sermos sua Igreja, membros de seu corpo glorioso. Somos chamados a sermos a Igreja de Jesus, fiel aos seus ensinamentos.

## 1. OLHANDO PARA A VIDA

Comente com o seu grupo o que fez para realizar o compromisso do encontro anterior. Partilhe também o que fez para cultivar atitudes de bem e quais atitudes praticou. Depois converse com seu grupo sobre:

✓ O que você sabe sobre a Igreja? Quem é a Igreja?

## 2. ORAÇÃO INICIAL

✓ Faça o sinal da cruz e, em silêncio, reze por alguma situação vivida durante a semana, pelos membros da comunidade e pelo Papa.

## 3. ESCUTANDO A PALAVRA

✓ Proclamação do Evangelho segundo São Marcos 16,9-20.
✓ Releia o texto o texto bíblico.

 **PENSE E ANOTE:**

**a** Reconte o texto bíblico com suas próprias palavras.

**b** O que aconteceu depois da Ressurreição de Jesus?

**c** Qual a missão que Jesus dá a seus discípulos? Qual a promessa feita?

------------------------------------------------
------------------------------------------------
------------------------------------------------
------------------------------------------------
------------------------------------------------
------------------------------------------------
------------------------------------------------

## 4. MEDITANDO A PALAVRA

✓ Como nós, hoje, podemos continuar a missão de Jesus?
✓ Qual o sinal que nos diz que pertencemos à sua Igreja?
✓ No Batismo, fomos incorporados ao corpo místico de Jesus e assim pertencemos à sua Igreja. O que isso significa para nós?

● Faça suas anotações.

------------------------------------------------
------------------------------------------------
------------------------------------------------
------------------------------------------------
------------------------------------------------
------------------------------------------------

## 5. REZANDO COM A PALAVRA

✓ O que o encontro de hoje faz você dizer a Deus? Faça sua oração e a escreva.

-----------------------------------------------------------------
-----------------------------------------------------------------
-----------------------------------------------------------------
-----------------------------------------------------------------
-----------------------------------------------------------------
-----------------------------------------------------------------
-----------------------------------------------------------------
-----------------------------------------------------------------
-----------------------------------------------------------------
-----------------------------------------------------------------
-----------------------------------------------------------------
-----------------------------------------------------------------

✓ Partilhe sua oração com seu grupo. Após cada um dizer sua oração, todos repetem juntos: *Senhor, ensina-nos a ser Igreja.*

> Encerrar este momento rezando juntos a oração do Senhor: *Pai nosso...*

## 6. VIVENDO A PALAVRA

✓ O que você aprendeu te leva a assumir que compromisso? Que tal comprometer-se em participar das celebrações em sua comunidade ou em algum grupo de pastoral, anunciando assim Jesus Ressuscitado?

**LEMBRETE**

-----------------------------------------------------------------
-----------------------------------------------------------------
-----------------------------------------------------------------
-----------------------------------------------------------------

# BATIZADOS EM NOME DO PAI E DO FILHO E DO ESPÍRITO SANTO

## SE LIGA

ESTE ENCONTRO ajudará a compreender o sentido do nosso Batismo.

No Batismo de Jesus, entendemos o nosso Batismo. Assim como o Pai o exaltou como "Filho amado", quer que nós vivamos com a dignidade de filhos, como sinal de seu amor por nós (cf.1Jo 3,1). O Batismo marca o início do itinerário da Iniciação à Vida Cristã, momento fundamental de identificação com Cristo no seu mistério pascal. É a primeira Páscoa, isto é, a participação na morte e ressurreição de Cristo, pela qual o Batizado é transformado radicalmente, renascendo pela água e pelo Espírito Santo. A partir do Batismo, a pessoa se torna discípula missionária e membro da Igreja. A marca que o Batismo confere à pessoa vai incorporá-la ao povo de Deus para que seja testemunha do Reino de Deus.

## 1. OLHANDO PARA A VIDA

✓ Converse com seu grupo sobre: o que você recorda do encontro anterior? E o compromisso assumido, como foi vivido?

## 2. ORAÇÃO INICIAL

✓ Faça o sinal da cruz e reze com o seu grupo a oração:

*Ó Pai, nós vos agradecemos porque, pelo Batismo nos tornates vossos filhos e filhas. Fazei que vivamos dignamente este dom, e sejamos vossas testemunhas, Por Cristo Nosso Senhor. Amém!*

## 3. ESCUTANDO A PALAVRA

✓ Proclamação do Evangelho segundo São Mateus 3,13-17.
✓ Releia o texto bíblico em silêncio.

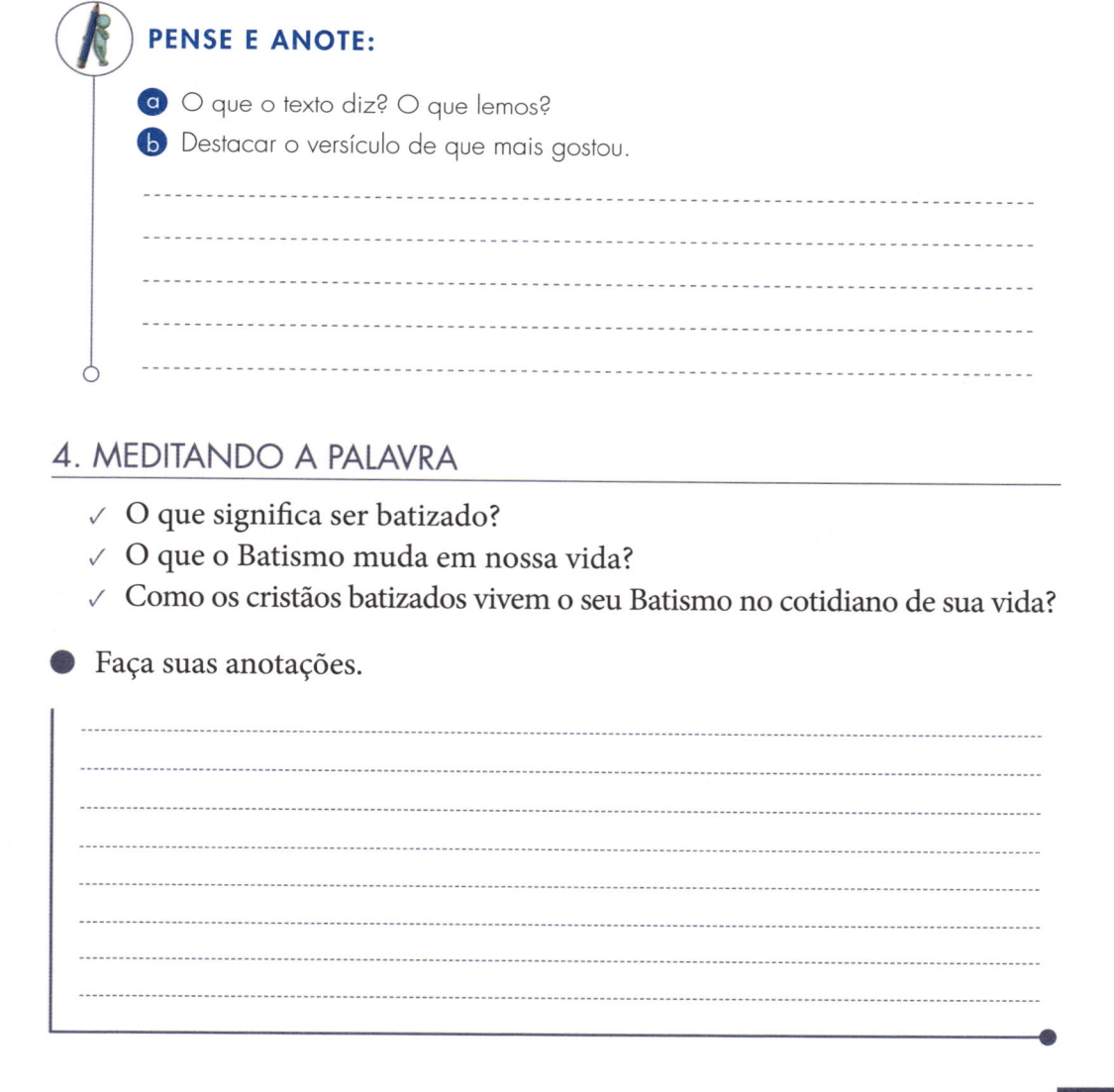

**PENSE E ANOTE:**

ⓐ O que o texto diz? O que lemos?
ⓑ Destacar o versículo de que mais gostou.

## 4. MEDITANDO A PALAVRA

✓ O que significa ser batizado?
✓ O que o Batismo muda em nossa vida?
✓ Como os cristãos batizados vivem o seu Batismo no cotidiano de sua vida?

● Faça suas anotações.

## 5. REZANDO COM A PALAVRA

✓ O Batismo nos torna novas criaturas em Cristo, como filhos amados, incorporados à família de Deus. Peça perdão pelas vezes que você não agiu como filho(a) amado(a) e assim não reconheceu o amor de Deus em sua vida.

> Siga a orientação do catequista e depois reze com seu grupo a oração do Pai-nosso.

## 6. VIVENDO A PALAVRA

✓ Converse em casa e procure fotos ou a lembrança do seu Batismo assim como o nome dos padrinhos.
✓ Faça uma pesquisa com os pais e vizinhos, fazendo as perguntas:
- Porque batizaram seus filhos?
- Que motivo os levaram a pedir à Igreja o Batismo?

**LEMBRETE**

**ANOTAÇÕES PESSOAIS**

# A MISSÃO DE JESUS: ANÚNCIO DO REINO

Após ter sido batizado por João nas águas do Jordão, Jesus anuncia a boa-nova, leva a boa notícia a todos: crianças, pecadores, mulheres, doentes; a todas as cidades e aldeias; às sinagogas e ao templo. Todos que se achegavam a Ele ficavam admirados com seu ensinamento e com sua autoridade. Em toda sua Palavra em todo seu ensinamento, anunciava o Reino de Deus, como um reino de amor, paz, alegria, igualdade e fraternidade.

## 1. OLHANDO PARA A VIDA

Partilhe com o seu grupo algo de sua vida, da sua semana e da realidade.

✓ Como foi vivido o compromisso do encontro anterior? O que lembra desse encontro?

✓ Quais são as realidades e situações que não são expressões do Reino de Deus presentes em nossas famílias, na escola, na comunidade e na sociedade?

## 2. ORAÇÃO INICIAL

✓ Faça o sinal da cruz e, em silêncio, observe como seu catequista ornamentou o espaço para este encontro: o que você identifica e chama sua atenção? Quais os sinais e a realidade que você ide ntifica? O que eles revelam? Você gosta dessa realidade? Comente com seu grupo.

✓ Reze com seu grupo: *Glória ao Pai, ao filho e ao Espírito Santo...*

## 3. ESCUTANDO A PALAVRA

✓ Proclamação do Evangelho segundo São Lucas 4,14-22.

✓ Releia o texto bíblico.

**PENSE E ANOTE:**

(a) As palavras, gestos e expressões que mais chamaram sua atenção.

(b) O que aconteceu na sinagoga?

(c) Qual foi a reação dos que escutavam Jesus?

------------------------------------------

------------------------------------------

------------------------------------------

------------------------------------------

------------------------------------------

## 4. MEDITANDO A PALAVRA

✓ O que a Palavra diz para você e para nós hoje?

✓ Para quais grupos Jesus foi enviado, conforme lemos no Evangelho?

✓ Que convite a Palavra faz para você e para os batizados?

✓ Para quem Jesus foi boa notícia?

● Faça suas anotações.

## 5. REZANDO COM A PALAVRA

✓ O que a Palavra faz você dizer a Deus?
✓ Qual a nossa oração em resposta à Palavra? Faça sua oração em forma de preces de louvor, de perdão e a escreva.

> Reze com o seu grupo o Salmo 146 da Bíblia e concluam com a oração do Pai-nosso.

## 6. VIVENDO A PALAVRA

✓ Que compromisso podemos assumir esta semana? Pense em uma proposta de compromisso a partir das seguintes perguntas:
- Como você pode viver a missão de batizado?
- Como anunciar a boa notícia do Evangelho de Jesus?

**LEMBRETE**

# JESUS CONTINUA CHAMANDO E ENVIANDO

**SE LIGA**

JESUS NÃO GOSTAVA de realizar sua missão sozinho, por isso continua escolhendo e chamando pessoas a se juntarem ao grupo daqueles que querem segui-lo e estão dispostos a anunciar a boa-nova.

Jesus chama, reúne, organiza as pessoas e as faz seus discípulos. São pessoas simples, mas trabalhadoras, pessoas de coração bom. Com elas realiza a experiência da partilha do pão, da solidariedade junto aos doentes e abandonados da sociedade. Ainda, as prepara e confia a missão de anunciarem o Reino de Deus. Isso nos ajuda a perceber que Jesus não quer agir sozinho.

Como no tempo de Jesus, hoje também nós somos chamados e enviados para anunciar o Reino e fazer outros discípulos, pois diz Jesus: "A messe é grande e os trabalhadores são poucos" ( cf. Lc 10,1-9).

## 1. OLHANDO PARA A VIDA

No encontro anterior, conversamos sobre a missão de Jesus e o anúncio do Reino. Partilhe o que ficou gravado do encontro, o que aprendeu e o que conseguiu viver nesta semana.

## 2. ORAÇÃO INICIAL

✓ Faça o sinal da cruz e reze junto ao seu grupo a oração:

*Senhor Jesus, somos teus amigos, queremos estar sempre contigo, aprender com tua palavra a sermos teus discípulos. Nós te pedimos, abre nossa mente, nosso coração, para podermos acolher teus ensinamentos, aprender a te seguir e a sermos teus fiéis discípulos. Afasta de nós o medo, o desânimo e dá-nos tua luz e tua força. Amém.*

## 3. ESCUTANDO A PALAVRA

✓ Proclamação do Evangelho segundo São Lucas 10,1-16.
✓ Releia uma, duas vezes, até compreender bem o texto bíblico.

**PENSE E ANOTE:**

a) O que diz o texto? Quem Jesus chama e envia?
b) O que mais chamou a sua atenção?
c) A quem são enviados os discípulos?
d) O que devem anunciar?

-------------------------------------------------
-------------------------------------------------
-------------------------------------------------
-------------------------------------------------
-------------------------------------------------

## 4. MEDITANDO A PALAVRA

✓ O que nos ensina a Palavra de Deus hoje?
✓ Há cordeiros e lobos hoje? Onde? Como os identificamos?
✓ Estamos abertos ao chamado que Jesus nos faz e à missão para a qual nos envia?

✓ Os discípulos dois a dois, foram enviados a anunciar o Reino e a desejar a paz. Qual é a boa notícia que anunciamos ou que ouvimos a cada dia? Que notícias o mundo nos apresenta?

✓ Entendemos o que é ser discípulo de Jesus?

● Faça suas anotações.

## 5. REZANDO COM A PALAVRA

✓ O que a Palavra faz você dizer a Deus? Que oração surge dentro de você?

✓ Faça preces espontâneas de súplica, de louvor ou de perdão. Compartilhe com o seu grupo.

✓ Após cada um dizer a sua prece, repetir *Envia-nos, Senhor.*

> Reze com seu grupo o Salmo 34 da Bíblia.

## 6. VIVENDO A PALAVRA

✓ Este encontro foi um convite a sermos discípulos de Jesus. O que você vai fazer esta semana para responder a esse convite?

**LEMBRETE**

# JESUS ENSINA SEUS DISCÍPULOS A REZAR

## ⏻ SE LIGA

JESUS VIVEU uma profunda relação com o Deus Pai e nos ensina que rezar é importante para podermos estar em comunhão com Deus e com os irmãos.

Era uma prática constante: retirava-se sozinho e convidava seus discípulos para a oração. Antes de realizar qualquer ação, Jesus buscava estar em comunhão com o Pai pela oração. A oração que Ele nos deixou nos faz chamar a Deus de Pai, colocando-nos na condição de irmãos e irmãs. Em Deus, colocamos nossa vida, nossas alegrias e nossas dores.

## 1. OLHANDO A VIDA

✓ O que fez esta semana para ser discípulo de Jesus?

Neste encontro, irá conhecer e entender melhor como Jesus ensinou seus discípulos a rezar. Converse com seu grupo de catequese:

✓ Quando você reza? O que costuma rezar sozinho ou em casa?

✓ Qual a importância que podemos dar à oração?

## 2. ORAÇÃO INICIAL

✓ Em silêncio, faça sua oração pessoal com Deus.

✓ Com seu grupo, reze a oração do Pai-nosso.

## 3. ESCUTANDO A PALAVRA

✓ Proclamação do Evangelho segundo São Mateus 6,5-13.

✓ Leia novamente o texto bíblico, dividindo os versículos entre cada um de seu grupo.

**PENSE E ANOTE:**

a) Quem fala no texto e a quem se dirige?

b) O que chamou a sua atenção?

------------------------------------

------------------------------------

------------------------------------

------------------------------------

------------------------------------

------------------------------------

------------------------------------

------------------------------------

## 4. MEDITANDO A PALAVRA

✓ Vamos retomar a oração do Pai-nosso e refletir:

- Qual o ensinamento que ela nos dá?

- Quais os apelos e o convite que nos faz para melhor vivermos, conforme Jesus nos ensina?

- Em nossa vida, em nossa família, na sociedade, na relação com as pessoas, quais são os aspectos dessa oração que não vivemos ou deixamos de lado?

● Faça suas anotações.

## 5. REZANDO COM A PALAVRA

✓ Que oração deseja dirigir a Deus? Permaneça em silêncio, reze, converse com Deus. Escreva sua oração em forma de súplica ou pedido.

✓ Com seu grupo, eleve seus pedidos, faça sua súplica espontaneamente. A cada oração, respondam: *Senhor, ensina-nos a rezar.*

Com seu grupo, reze a oração do Pai-nosso.

## Para sua meditação em casa, com a família:

A oração do Pai-nosso é completa, a mais perfeita que Jesus nos ensinou. Em certa ocasião, disse aos seus discípulos: "quando rezardes, não multipliqueis muitas palavras, mas dizei assim...", e ensinou essa oração. Na primeira parte do Pai-nosso, dizemos: Pai nosso que estás no céu – santificado seja teu nome – venha o teu Reino – seja feita a tua vontade. Com isso, entendemos como deve ser nossa relação com Deus. Ele é nosso Pai, Ele nos ama como filhos. Em nossa vida, somos chamados a santificar o nome de Deus, a não usar o seu nome para o mal, para criar divisões, mas para unir. Colocamo-nos numa atitude de filhos que buscam sempre fazer a sua vontade e construir no meio de nós um reino de paz, alegria, igualdade e fraternidade. Já a segunda parte do Pai-nosso é uma relação com os irmãos e irmãs, o que devemos pedir a Deus em nossa oração. São quatro pedidos: o pão de cada dia – sustento para a vida – o perdão, a proteção para não nos deixar cair na tentação e que nos livre dos perigos.

## 6. VIVENDO A PALAVRA

Este encontro nos ensinou muitas coisas: atitudes, gestos de como rezar. Como compromisso para esta semana, escolha uma parte do Pai-nosso para viver em casa, com os amigos...

- ✓ Escreva o compromisso que vai assumir esta semana, o que você mais precisa para sua vida. Por exemplo: aprender a perdoar, agradecer o pão de cada dia, buscar descobrir a vontade de Deus e não a minha...).

**LEMBRETE**

**ANOTAÇÕES PESSOAIS**

# JESUS MESTRE DE ORAÇÃO

 **SE LIGA**

JESUS REZA AO PAI, sozinho e com os discípulos, é Ele o Mestre de oração.

Jesus passava horas em oração ao Pai. A oração faz parte da nossa vida e é uma das expressões mais bonitas e claras da nossa Igreja. Quem não reza deixa de lado uma das coisas mais importantes da vida. Rezar é dialogar com Deus, é agradecer, suplicar, pedir. No livro dos Atos dos Apóstolos, encontramos informações de que os apóstolos eram perseverantes em suas orações. Eles aprenderam com Jesus a rezar, a dirigir-se a Deus chamando-o de Pai. Essa oração ensinada por Jesus tornou-se muito importante para os cristãos. Nela, a oração cristã por excelência: podemos chamar Deus com o nome de Pai.

## 1. OLHANDO PARA A VIDA

Retome e partilhe com o grupo o compromisso do encontro anterior.

Compartilhe com o grupo o que você conseguiu viver mais e melhor, o que foi bom e como poderia ter sido melhor.

Neste encontro, você e seu grupo irão aprender sobre a importância da oração, além de compreender melhor a oração que Jesus nos ensinou. Converse com seu grupo sobre:

✓ Para você, o que significa rezar? É importante rezar? Vale a pena?

✓ Hoje, com tanta coisa que temos a fazer, ainda é importante rezar? Vale mais a oração ou a ação?

## 2. ORAÇÃO INICIAL

✓ Faça o sinal da cruz e reze com o seu grupo:

> *Jesus, tu ensinaste teus discípulos a rezar e o que deveriam rezar. Te pedimos, ensina-nos a rezar como ensinaste os teus discípulos. Queremos aprender de Ti que és Mestre de oração. Amém.*

## 3. ESCUTANDO A PALAVRA

✓ Proclamação do Evangelho segundo São Lucas 11,1-4.

✓ Leia mais uma vez o texto bíblico.

**PENSE E ANOTE:**

**a** A frase ou a expressão de que mais gostou.

**b** O que rezou nesse texto bíblico, o que pediu?

------------------------------------------------

------------------------------------------------

------------------------------------------------

------------------------------------------------

------------------------------------------------

## 4. MEDITANDO A PALAVRA

✓ O que a Palavra de Deus diz para cada um de nós hoje?

✓ Quais são os apelos que a oração ensinada por Jesus faz a cada um de nós?

✓ Quais são as maiores necessidades no mundo atual presentes na oração do Pai-nosso?

✓ O que precisamos pedir hoje, de modo insistente, ao Senhor? (alimentos, paz, perdão, que nos livre do mal...)?

● Faça suas anotações.

## 5. REZANDO COM A PALAVRA

✓ O que a Palavra te faz dizer a Deus hoje? Que oração desejamos dizer ao Pai?
✓ Seguindo a orientação do seu catequista, participe deste momento orante com muito carinho.
✓ Faça sua oração. Depois registre-a.

Com seu grupo, reze a oração do Pai-nosso.

## 6. VIVENDO A PALAVRA

✓ Qual parte da oração do Pai-nosso você se propõe a viver com mais dedicação e ânimo nesta semana?
✓ Como grupo, o que podem assumir?

**LEMBRETE**

✓ Anote dia e horário da celebração da entrega da Oração do Senhor.

# JESUS NOS ENSINA A PERDOAR

**SE LIGA**

O AMOR DE JESUS acolhe todo coração disposto à conversão.

É importante lembrar que não cabe a ninguém julgar o próximo, pois somente o Senhor conhece cada coração. A mulher foi perdoada porque muito amou. Esse ensinamento de Jesus nos leva a olhar a nossa vida, ver como somos capazes de amar, de perdoar, de acolher as pessoas, mesmo aquelas que erram.

## 1. OLHANDO PARA A VIDA

Retome e partilhe com o grupo os compromissos do encontro anterior e conversem sobre:

✓ Como está a atitude e a capacidade de perdoar em casa, na escola e com os amigos?

## 2. ORAÇÃO INICIAL

- ✓ Faça o sinal da cruz.
- ✓ Siga a orientação do catequista: olhe para as imagens que estão no ambiente do encontro e procure compreender o que significam.

## 3. ESCUTANDO A PALAVRA

- ✓ Proclamação do Evangelho segundo São João 8,3-11.
- ✓ Leia mais uma vez o texto bíblico, em silêncio, buscando memorizar o que parece ser mais importante para sua vida.

**PENSE E ANOTE:**

a) O que o texto diz em si mesmo?

b) Que aspectos lhe chamam mais a atenção?

c) O que os fariseus queriam fazer com a mulher?

d) O que Jesus os fez perceber? Por que Jesus perdoou a mulher?

---
---
---
---
---
---
---
---
---
---
---

## 4. MEDITANDO A PALAVRA

- ✓ Qual a importância do perdão para você e na sua vida?
- ✓ O que mais leva as pessoas a julgarem umas às outras?
- ✓ Como podemos superar o julgamento, acolher e perdoar?
- ✓ Na realidade de hoje, no mundo, nas famílias, vivemos situações de pessoas que acusam, julgam os outros e não sabem perdoar?

● Faça suas anotações.

---

## 5. REZANDO COM A PALAVRA

✓ O que a Palavra que hoje refletimos nos faz dizer a Deus? Louve, agradeça, peça perdão...

> Reze com o grupo a Oração do Senhor, pedindo a graça de sempre saber perdoar.

## 6. VIVENDO A PALAVRA

✓ Como podemos viver o perdão em nossa vida durante esta semana?
✓ Que tal assumir o compromisso do exercício do amor em sua casa e com os amigos?

**LEMBRETE**

✓ Anote dia e horário da celebração da entrega da oração do Pai-nosso.

**ANOTAÇÕES PESSOAIS**

# O DISCÍPULO DE JESUS FAZ A EXPERIÊNCIA DA MISERICÓRDIA

## ⏻ SE LIGA

NESTE ENCONTRO, somos convidados a fazer a experiência com Deus, que, na sua infinita misericórdia, quer salvar a todos e alegra-se com "um só pecador que se converte".

Os fariseus e os doutores da lei preferem manter-se em sua tradição e não acolhem a graça, considerando-se perfeitos, enquanto os pecadores se aproximam de Jesus porque querem experimentar seu amor. O Papa Francisco diz que o "rosto de Deus é misericórdia". Como ovelhas do rebanho de Jesus, façamos a experiência de encontro com Ele, que nos quer próximos mesmo com nossas limitações.

## 1. OLHANDO A VIDA

Partilhe com o grupo como viveu esta semana:
- ✓ O que aconteceu de bom ou menos bom? Como exercitou o perdão? Que fatos te mostraram a dificuldade de perdoar?

## 2. ORAÇÃO INICIAL

- ✓ Trace o sinal da cruz e siga as orientações de seu catequista.

## 3. ESCUTANDO A PALAVRA

- ✓ Proclamação do Evangelho segundo São Lucas 15,1-7.
- ✓ Releia o texto bíblico.

**PENSE E ANOTE:**

(a) Do que o texto está falando?

(b) Quais são as pessoas e os grupos presentes nesse texto que acabamos de ler?

## 4. MEDITANDO A PALAVRA

- ✓ Quando precisamos ser resgatados por Jesus?
- ✓ Como Jesus vem ao nosso encontro hoje?
- ✓ O que é para você a misericórdia de Deus?

● Faça suas anotações.

## 5. REZANDO COM A PALAVRA

- ✓ O que dizer a Deus a partir da Palavra que refletimos?
- ✓ Siga as orientações de seu catequista.

## Para pensar:

Misericórdia: é o ato último e supremo pelo qual Deus vem ao nosso encontro. Misericórdia: é a lei fundamental que mora no coração de cada pessoa, quando vê, com olhos sinceros, o irmão que se encontra no caminho da vida. Misericórdia: é o caminho que une Deus e o homem, porque nos abre o coração à esperança de sermos amados para sempre, apesar da limitação do nosso pecado (MV, n. 2).

## 6. VIVENDO A PALAVRA

✓ Uma vez que recebemos a misericórdia de Deus, somos chamados a levá-la ao próximo. Que tal assumir nesta semana o compromisso de ser misericordioso com as pessoas?

✓ Procure saber de algum colega que não está participando dos encontros, que se afastou da comunidade, e vá ao encontro dele levando uma mensagem de paz, de acolhida e de alegria.

 LEMBRETE

✓ Agora teremos duas semanas de recesso e os encontros serão retomados na primeira semana de agosto. Anote o dia e o horário do retorno.

ANOTAÇÕES PESSOAIS

# ANEXOS

# AS PRINCIPAIS ORAÇÕES DO CRISTÃO

## Sinal da Cruz

Em nome do Pai e do Filho e do Espírito Santo. Amém.

## Persignação

Pelo sinal da Santa Cruz †, livrai-nos, Deus, nosso Senhor, † dos nossos inimigos †.

## Oferecimento do dia

Adoro-vos, meu Deus, amo-vos de todo o meu coração. Agradeço-vos porque me criastes, me fizestes cristão, me conservastes a vida e a saúde. Ofereço-vos o meu dia: que todas as minhas ações correspondam à vossa vontade. E que eu faça tudo para a vossa glória e a paz dos homens. Livrai-me do pecado, do perigo e de todo o mal. Que a vossa graça, bênção, luz e presença permaneçam sempre comigo e com todos aqueles que eu amo. Amém.

## Pai-nosso

Pai nosso, que estais nos céus, santificado seja o vosso nome, venha a nós o vosso Reino, seja feita a vossa vontade, assim na Terra como no céu. O pão nosso de cada dia nos dai hoje, perdoai-nos as nossas ofensas, assim como nós perdoamos a quem nos tem ofendido, e não nos deixeis cair em tentação, mas livrai-nos do mal. Amém.

## Ave-Maria

Ave Maria, cheia de graça, o Senhor é convosco. Bendita sois vós entre as mulheres, e bendito é o fruto do vosso ventre, Jesus. Santa Maria, Mãe de Deus, rogai por nós, pecadores, agora e na hora de nossa morte. Amém.

## Glória ao Pai

Glória ao Pai e ao Filho e ao Espírito Santo.
Como era no princípio, agora e sempre. Amém.

## Salve Rainha

Salve, Rainha, mãe de misericórdia, vida, doçura, esperança nossa, salve! A vós bradamos, os degredados filhos de Eva. A vós suspiramos, gemendo e chorando neste vale de lágrimas. Eia, pois, advogada nossa, esses vossos olhos misericordiosos a nós volvei! E depois deste desterro, mostrai-nos Jesus, bendito fruto do vosso ventre. Ó clemente, ó piedosa, ó doce sempre virgem Maria!
℣. Rogai por nós, Santa Mãe de Deus!
℟. Para que sejamos dignos das promessas de Cristo.

## Ângelus (Saudação à Nossa Senhora para o tempo comum)

℣. O Anjo do Senhor anunciou a Maria.
℟. E ela concebeu do Espírito Santo.
℣ Eis aqui a serva do Senhor.
℟. Faça-se em mim segundo a vossa Palavra.
℣. E o Verbo divino se fez carne.
℟. E habitou entre nós.
Ave, Maria...
℣ Rogai por nós, Santa Mãe de Deus.
℟. Para que sejamos dignos das promessas de Cristo.
**Oremos**. Infundi, Senhor, em nossos corações a vossa graça, a fim de que, conhecendo pela anunciação do Anjo, a encarnação de Jesus Cristo, vosso Filho, cheguemos pela sua paixão e morte à glória da ressurreição. Pelo mesmo Cristo, nosso Senhor. Amém.
Glória ao Pai e ao Filho e ao Espírito Santo...

## Rainha do Céu (Saudação à Nossa Senhora para o Tempo Pascal, em lugar do Ângelus)

℣. Rainha do céu, alegrai-vos. Aleluia.
℟. Porque aquele que merecestes trazer em vosso puríssimo seio. Aleluia.
℣. Ressuscitou como disse. Aleluia.
℟. Rogai por nós a Deus. Aleluia.
℣. Exultai e alegrai-vos, ó Virgem Maria. Aleluia.
℟. Pois o Senhor ressuscitou verdadeiramente. Aleluia.
**Oremos**. Ó Deus, que vos dignastes alegrar o mundo com a ressurreição do vosso Filho, nosso Senhor Jesus Cristo, concedei-nos, vo-lo suplicamos, a graça de alcançarmos pela proteção da Virgem Maria, sua Mãe, a glória da vida eterna. Pelo mesmo Cristo, nosso Senhor. Amém.

## Creio

Creio em Deus Pai todo-poderoso, criador do céu e da terra, e em Jesus Cristo, seu único Filho, nosso Senhor, que foi concebido pelo poder do Espírito Santo; nasceu da Virgem Maria, padeceu sob Pôncio Pilatos, foi crucificado, morto e sepultado; desceu à mansão dos mortos, ressuscitou ao terceiro dia; subiu aos céus, está sentado à direita de Deus Pai todo-poderoso, de onde há de vir a julgar os vivos e os mortos. Creio no Espírito Santo, na santa Igreja Católica, na comunhão dos santos, na remissão dos pecados, na ressurreição da carne, na vida eterna. Amém.

### Oração ao Anjo da guarda

Santo Anjo do Senhor, meu zeloso guardador, se a ti me confiou a Piedade divina, sempre me rege, guarda, governa e ilumina. Amém.

### Ato de contrição

Meu Deus, eu me arrependo de todo o coração de vos ter ofendido, porque sois tão bom e amável. Prometo, com a vossa graça, nunca mais pecar. Meu Jesus, Misericórdia!

### Ato de contrição (2)

Senhor, eu me arrependo sinceramente de todo mal que pratiquei e do bem que deixei de fazer. Pecando, eu vos ofendi, meu Deus, e sumo bem, digno de ser amado sobre todas as coisas. Prometo firmemente, ajudado com a vossa graça, fazer penitência e fugir às ocasiões de pecar. Senhor, tende piedade de mim, pelos méritos da Paixão, morte e Ressurreição de Jesus Cristo, nosso Salvador. Amém.

### Oração pela família

Pai, que nos protegeis e que nos destes a vida para participarmos de vossa felicidade, agradecemos o amparo que os pais nos deram desde o nascimento. Hoje queremos vos pedir pelas famílias, para que vivam a união e na alegria cristã. Protegei nossos lares do mal e dos perigos que ameaçam a sua unidade. Pedimos que o amor não desapareça nunca e que os princípios do Evangelho sejam a norma de vida. Pedimos pelos lares em dificuldades, em desunião e em perigo de sucumbir, para que, lembrados do compromisso assumido na fé, encontrem o caminho do perdão, da alegria e da doação. A exemplo de São José, Maria Santíssima e Jesus, sejam nossas famílias uma pequena Igreja, onde se viva o amor. Amém.

## Oração de São Francisco de Assis

Senhor, fazei-me instrumento de vossa paz.

Onde houver ódio, que eu leve o amor;

Onde houver ofensa, que eu leve o perdão;

Onde houver discórdia, que eu leve a união;

Onde houver dúvida, que eu leve a fé;

Onde houver erros, que eu leve a verdade;

Onde houver desespero, que eu leve a esperança;

Onde houver tristeza, que eu leve a alegria;

Onde houver trevas, que eu leve a luz!

Ó Mestre,

Fazei que eu procure mais:

consolar, que ser consolado;

compreender, que ser compreendido;

amar, que ser amado.

Pois é dando que se recebe,

é perdoando que se é perdoado,

e é morrendo que se vive para a vida eterna!

Amém.

## Oração de consagração a Maria

Ó Senhora minha, ó minha Mãe, eu me ofereço todo a vós e, em prova da minha devoção para convosco, eu vos consagro, neste dia, e para sempre, os meus olhos, meu ouvidos, minha boca, meu coração e, inteiramente, todo o meu ser: e por que assim sou vosso(a), ó incomparável Mãe, guardai-me, defendei-me como filho(a) e propriedade vossa. Amém.

## Magnificat
## (Cântico de Nossa Senhora)

A minha alma glorifica ao Senhor
e o meu espírito se alegra em Deus, meu Salvador.
Porque pôs os olhos na humildade da sua serva:
de hoje em diante, me chamarão bem-aventurada todas as gerações.
O Todo-Poderoso fez em mim maravilhas:
Santo é o seu nome.
A sua misericórdia se estende de geração em geração
sobre aqueles que o temem.
Manifestou o poder do seu braço
e dispersou os soberbos.
Derrubou os poderosos de seus tronos
e exaltou os humildes.
Aos famintos encheu de bens,
e aos ricos despediu de mãos vazias.
Acolheu a Israel, seu servo,
lembrado da sua misericórdia,
Como tinha prometido a nossos pais,
a Abraão e à sua descendência para sempre.
Glória ao Pai e ao Filho e ao Espírito Santo.
Como era no princípio, agora e sempre.
Amém.

## Cântico de Zacarias
### (da Liturgia das Horas)

Bendito seja o Senhor Deus de Israel,
porque a seu povo visitou e libertou;
e fez surgir um poderoso Salvador
na casa de Davi, seu servidor,
como falara pela boca de seus santos,
os profetas desde os tempos mais
antigos,
para salvar-nos do poder dos
inimigos
e da mão de todos quantos nos odeiam.
Assim mostrou misericórdia a
nossos pais,
recordando a sua santa Aliança
e o juramento a Abraão, o nosso pai,
de conceder-nos que, libertos do
inimigo,
a Ele nós sirvamos sem temor
em santidade e em justiça diante dele,
enquanto perdurarem nossos dias.
Serás profeta do Altíssimo, ó menino,
pois irás andando à frente do Senhor
para aplainar e preparar os seus
caminhos,
anunciando ao seu povo a salvação,
que está na remissão de seus pecados;
pela bondade e compaixão de nosso
Deus,
que sobre nós fará brilhar o Sol
nascente,
para iluminar a quantos jazem entre
as trevas
e na sombra da morte estão sentados
e para dirigir os nossos passos,
guiando-os no caminho da paz.
Glória ao Pai e ao Filho e ao
Espírito Santo.
Como era no princípio, agora e
sempre. Amém.

## Invocação ao Espírito Santo

℣. Vinde, Espírito Santo, enchei os corações dos vossos fiéis e acendei neles o fogo do vosso amor.

℟. Enviai, Senhor, o vosso Espírito, e tudo será criado, e renovareis a face da Terra.

**Oremos**. Deus, que instruístes os corações dos vossos fiéis com a luz do Espírito Santo, fazei que apreciemos retamente todas as coisas, segundo o mesmo Espírito, e gozemos sempre de sua consolação. Por Cristo, Senhor nosso. Amém.

# 2

## O QUE É IMPORTANTE VOCÊ CONHECER

### Mandamentos da Lei de Deus

1. Amar a Deus sobre todas as coisas.
2. Não tomar seu santo nome em vão.
3. Guardar domingos e festas.
4. Honrar pai e mãe.
5. Não matar.
6. Não pecar contra a castidade.
7. Não furtar.
8. Não levantar falso testemunho.
9. Não desejar a mulher do próximo.
10. Não cobiçar as coisas alheias.

### Sete Pecados Capitais

1. Soberba
2. Avareza
3. Inveja
4. Ira
5. Luxúria
6. Gula
7. Preguiça

### Mandamentos da Igreja

1. Participar da missa nos domingos e festas de guarda.
2. Confessar-se ao menos uma vez ao ano.
3. Comungar ao menos pela Páscoa da Ressurreição.
4. Jejuar e abster-se de carne, conforme manda a Igreja.
5. Contribuir com o dízimo.

### Sacramentos

1. Batismo
2. Crisma ou Confirmação
3. Eucaristia
4. Penitência ou Reconciliação
5. Ordem ou Sacerdócio
6. Matrimônio
7. Unção dos enfermos

### Virtudes Teologais

1. Fé
2. Esperança
3. Caridade

### Virtudes Capitais

1. Temperança
2. Humildade
3. Castidade
4. Generosidade
5. Diligência
6. Caridade
7. Paciência

## Obras de misericórdia corporais

1. Dar de comer a quem tem fome.
2. Dar de beber a quem tem sede.
3. Vestir os nus.
4. Dar pousada aos peregrinos.
5. Assistir aos enfermos.
6. Visitar os presos.
7. Enterrar os mortos.

## Obras de misericórdia espirituais

1. Dar bom conselho.
2. Ensinar os ignorantes.
3. Corrigir os que erram.
4. Consolar os aflitos.
5. Perdoar as injúrias.
6. Sofrer com paciência as fraquezas do nosso próximo.
7. Rogar a Deus por vivos e defuntos.